"가장 강한 종이 살아남는 것이 아니다. 가장 두뇌가 뛰어난 종이 살아남는 것도 아니다. 단지 변화에 잘 적응하는 종이 살아남는다."

— 찰스 다윈

인생의
버팀목이 되어주는
괜찮은 이야기

인생의 버팀목이 되어주는 괜찮은 이야기

제1판 1쇄 인쇄 | 2022. 8. 25
제1판 1쇄 발행 | 2022. 8. 30

지은이 | 니시자와 야스오(西沢泰生)
옮긴이 | 황세정
펴낸이 | 윤세민
펴낸곳 | 씽크뱅크

주소 | 서울특별시 마포구 월드컵북로5길 65 (서교동), 주원빌딩 201호
전화 | (02)3143-2660 팩스 | (02)3143-2667
E-mail | thinkbankb@naver.com
출판등록 | 2006년 11월 7일 제396-2006-79호

ISBN 978-89-92969-56-7   03190

인생의
버팀목이 되어주는
괜찮은 이야기

니시자와 야스오 지음 | 황세정 옮김

씽크뱅크

누구에게나 '마음에 남는 이야기'나 '인생의 버팀목이 되는 말'이 있다.

어린 시절 도서실에서 읽은 위인의 일화일 수도 있고,
학창 시절 은사님에게 들은 말 한마디나
신문에서 본 짧은 사설일 수도 있다.

그런 이야기나 한마디 말은 꽤 오래 전에 들었을지라도 머릿속에 깊이 남아 지워지지 않는다.

특히 삶의 갈림길에 서거나 막다른 곳에 몰려 힘들고 지쳐 있을 때 이런 이야기나 말을 떠올리면 정신이 번쩍 들고 기운이 난다. 때로는 그런 말들이 앞으로 나아가야 할 방향을 가르쳐주기도 한다.

회사의 경영난으로 절망에 빠져 있던 한 사업가는 "어떠한 상황에서든 해결책은 수없이 존재한다."라는 어느 경영 컨설턴트의 말을 떠올리며 위기를 이겨냈다고 한다.

또 어느 여성은 젊은 나이에 남편을 잃고 아이와 둘만 남겨져 미래에 대한 극심한 불안감에 휩싸여 있었다. 이때 비슷한 일을 겪은 다른 여성에게서 "일단 앞일은 걱정하지 말고, 눈앞에 놓인 일부터 헤쳐 나가다 보면 어떻게든 살게 되어 있어."라는 말을 듣고 나서 기분이 한순간에 편안해졌다고 한다.

이 책은 그런 '인생의 이정표'나 '업무에 대한 포인트'가 될 만한 이야기와 명언을 집중적으로 꾸렸다.

나는 내 첫 저서《벽을 극복하지 못할 때 가르쳐주는 일류들의 대단한 사고방식》에서 야구선수 스즈키 이치로나 예술가 오카모토 다로 등 이른바 일류라고 불리는 사람들의 일화를 퀴즈 형식으로 소개한 바 있다.

내 첫 데뷔작은 다행히 많은 독자에게 사랑을 받았고, 책에 대한 수많은 감상 또한 전해들을 수 있었다.
저자로서 진심으로 기쁘게 생각한다.

이 책은 그 뒤를 잇는 두 번째 작품으로 내가 이제껏 모은

'마음에 남는 이야기'나 '인생의 버팀목이 되는 말' 중에서 '이건 정말 괜찮다!'라고 생각되는 것들로만 엮었다.

'그렇구나' 하고 절로 고개가 끄덕여질 만한 이야기, 가슴이 후련해지는 이야기, 웃음이 터져 나오는 이야기, 자신도 모르게 눈시울이 뜨거워질 만큼 감동적인 이야기…….

또한 내가 '살아가면서' 항상 염두에 둘 이야기와 삶에 도움이 되는 명언도 많이 담았다.

그리고 이번에도 소위 '일류'라 불리는 사람들의 유명한 일화를 준비했다.

'마쓰시타 고노스케가 "나는 도쿠가와 이에야스보다 더 훌륭하다."라고 말한 이유'
'데즈카 오사무(만화가, 애니메이션 감독)가 인쇄소에서 인쇄 들어가기 직전에 원고를 회수하면서까지 그려 넣은 것'
'빌 게이츠의 열변을 눌러버린 한마디'
'큰 부상을 입은 마쓰이 히데키(국민영예상을 받은 야구 선수)에게 나가시마 시게오 감독이 전한 말'

이러한 이야기들을 즐겁게 읽기 바란다.

더불어 이 책에서 읽은 이야기와 명언이 독자들에게 성공의 길로 안내해 주는 디딤돌이 되어주었으면 하는 바람이다.

　　이 책을 통해서 여러분이 자신의 '소중한 것'이 무엇인지를 깨닫고 '평생의 보물'을 단 한 개라도 발견할 수 있다면 저자로서 더 이상 바랄 나위가 없을 것이다.

니시자와 야스오

차례

내 마음을 뒤흔드는 '일'에 관한 11가지 이야기

마쓰시타 고노스케가
도쿠가와 이에야스보다 훌륭한 이유

:

'두견새가 울지 않으면 죽여라.' (오다 노부나가)

'두견새가 울지 않으면 울게 하라.' (도요토미 히데요시)

'두견새가 울지 않으면 울 때까지 기다려라.' (도쿠가와 이에야스)

일본의 전국 시대 삼대 영웅의 성격을 나타내는 유명한 시구이다.

후대 사람이 쓴 시일 테지만, 제법 그럴듯하다.

참고로 삼대 영웅 중 한 명인 오다 노부나가의 자손이자 피겨스케이팅 선수인 오다 노부나리는 이 시를 다음과 같이 고처 읊었다고 한다(아마 기자에게 부탁받았을 것이다).

'두견새가 울지 않으면 그걸로 됐잖아.'

도무지 진지함이라고는 찾아볼 수 없는 시구다. 유명한 선조를 둔 덕분에 이런 말도 안 되는 부탁까지 들어줘야 하니 그도 참으로 피곤했겠다.

확실하지는 않지만 전해지는 말에 따르면 '경영의 신'으로 불리는 마쓰시타 고노스케 또한 이 시구를 다음과 같이 고쳐 읊었다고 한다.

'두견새가 울지 않으면 그 또한 좋지.'

오다 노부나리 선수가 '그걸로 됐잖아.'라고 읊으면 별 뜻이 없어 보이지만, 마쓰시타 고노스케가 '그 또한 좋지.'라고 읊으면 꽤나 함축적인 뜻이 담겨 있는 것처럼 들린다는 점이 흥미롭다.

마쓰시타 고노스케에게는 앞에서 등장한 전국 시대의 삼대 영웅과 관련된 일화가 있다.

그가 스스로 "나는 오다 노부나가, 도요토미 히데요시, 도쿠가와 이에야스보다 훌륭하다."라는 말을 했다는 것이다.

어느 날 마쓰시타 고노스케가 사원에게 이렇게 물었다.

"오다 노부나가, 도요토미 히데요시, 도쿠가와 이에야스 중에서 누가 가장 훌륭하다고 생각하나?"

그때의 일화를 대화 형식으로 살펴보자.

고노스케: "노부나가는 참 대단한 인물이야. 멍청이라는 말을 들었지만, 실제로는 오케하자마 전투(오다 노부나가가 10배가 넘는 상대의 군대를 물리친 유명한 전투)에서 이마가와 요시모토를 물리친 천재적인 군사 전략가란 말이지. 상식을 뛰어넘는 발상을 해냈어."

사원: "그렇습니까."

고노스케: "하지만 히데요시는 더 대단해. 노부나가의 단점이었던 냉혹한 성격을 반면교사(=나쁜 본보기)로 삼아 항상 주위 사람들을 챙기는 것을 잊지 않았지. 주변 사람들을 자신의 편으로 끌어들인 덕분에 일개 졸병에서 천하를 호령하는 인물이 될 수 있었던 거라네. 그러니까 노부나가보다 히데요시가 더 뛰어난 인물이지."

사원: "그렇군요."

고노스케: "하지만 이에야스는 그런 히데요시보다도 훨씬 대단하다네. 자기 대에만 부귀영화를 누리고 끝나 버린 히데요시의 장점과 단점을 모두 연구해서 에도 막부가 후대까지 이어지도록 다스렸으니 말이야. 에도 막부가 260년 동안이나 지속될 수 있었던 것도 모두 그 덕분이라네. 그러니 히데요시보다 이에야스가 훨씬

뛰어났던 셈이지."

　사원: "듣고 보니 그렇네요."

　고노스케: "하지만 나는 말일세, 노부나가나 히데요시보다 훌륭했던 이에야스보다도 훨씬 더 뛰어나다네."

　사원: "네?"

　고노스케: "생각을 해보게. 나는 노부나가와 히데요시, 이에야스의 장단점을 모두 연구해서 이를 경영에 활용하고 있지 않은가."

　그야말로 '경영의 신'다운 대답이다! 그 이야기를 듣는 순간 이런 생각이 들었다. 단순히 잘난 척하기 위해 꺼낸 말(?)에도 이런 함축적인 의미가 담겨 있으니 말이다.

　하지만 이야기는 여기서 끝이 아니다. 뒤에 이어지는 말이야말로 이 일화의 가장 중요한 부분이다.

　마쓰시타 고노스케는 이렇게 덧붙였다.

　"하지만 말이야. 자네는 나보다 훨씬 더 뛰어난 인물이 될 수 있다네. 노부나가와 히데요시, 이에야스 그리고 내 장단점을 연구해서 자네의 업무에 활용한다면 자네가 가장 뛰어난 인물이 될 수 있지 않겠는가!"

그는 자신을 '본보기'로 삼을 뿐만 아니라 '반면교사'로도 삼으라고 말한 것이다.

자신을 비롯한 선인의 '장점'과 '단점'을 최대한 이용하라고……

그러면 무(無)에서 시작하는 것보다 훨씬 빠르게 선인을 뛰어넘을 수 있을 것이라고…….

'나를 뛰어넘는 훌륭한 사람이 돼라!'라고 독려한 것이다.

아이작 뉴턴도 이런 말을 남겼다.

"내가 멀리까지 내다볼 수 있었던 것은 거인들의 어깨 위에 올라선 덕분이다."

'자신의 발견은 갈릴레오나 코페르니쿠스 같은 선인들의 연구가 있었기에 가능했다.'라는 뜻이다.

뉴턴과 같은 천재도 자만하지 않고 '선인들'에게서 많은 것을 배웠다.

그리고 이 사실을 숨기지 않고 솔직하게 고백했다.

그렇다.

우리는 마음만 먹는다면 전국 시대의 영웅이나 마쓰시타 고노스케, 뉴턴, 에디슨, 아인슈타인 등 수많은 선인에게서 많은 점을 배울 수 있다.

관점을 조금만 달리하면 히틀러마저 반면교사의 대상으로 삼을 수 있다.

앞서 살다 간 사람들은 우리를 대신해 온갖 '성공'과 '실패'를 먼저 경험했다.

이처럼 귀한 경험을 이용하지 않을 까닭이 어디 있겠는가!

1. 슬기로운 자는 '역사'에서 배우고, 어리석은 자는 '경험'에서 배운다.

－비스마르크(독일의 정치가)

＊스스로 경험할 수 있는 일은 한정되어 있다.
따라서 무엇이든 경험을 통해 배우려고 하는 것은 매우 비효율적인 행동이다.
반면 '역사'는 어떠한가? 역사는 그야말로 '성공과 실패의 총집합'이다.
겸손한 마음으로 역사를 통해 배움을 얻는 것이 성공으로 가는 지름길이다.

2. 어제를 배우고, 오늘을 살며, 미래를 꿈꾸어라.

－아인슈타인(물리학자)

데즈카 오사무가 새로 그려 넣은 것

.
.
.

"여러분! 일에 목숨을 걸어 주세요!"

마감일이 코앞에 다가왔는데도 만화 원고가 완성되지 않으면 데즈카 오사무는 이렇게 말하며 어시스턴트들을 독려했다고 한다.

뭐, 그 말을 들은 어시스턴트들은 '말이야 쉽지…….'이라며 시큰둥한 반응을 보였다고 하지만 말이다.

만화에 대해서만큼은 완벽주의자였던 데즈카 오사무는 원고를 새로 고쳐 그리는 일이 잦았다고 한다. 잡지에 연재된 원고와 단행본에 사용된 원고가 소소하게 달라지는 일쯤은 비일비재했다.

단행본 작업을 할 때 원고가 대폭 수정되는 일도 있어서 같은 작품인데도 여러 개의 버전이 존재하기도 했다.

이러한 수정 작업은 만화 원고뿐만 아니라 방대한 양의 동화(inbetween, 주요 동작이 그려진 원화 사이를 연결하는 중간 동작 그림-역주)를 그려야만 하는 애니메이션 제작 현장에서도 반복되었다고 한다.

동화(動畫)가 완성되면 데즈카 오사무는 이를 돌려 보며 움직임을 확인했는데, 동작이 마음에 들지 않을 때는 "리테이크!"라고 외쳤다. 그러면 그의 말 한마디에 그림을 처음부터 다시 그려야만 했다.

동화가 완성되기 전에 이미 그의 머릿속에서는 등장인물들이 생생히 살아 움직이고 있었기에 실제로 완성된 그림이 이와 다를 때마다 수정을 요구했을 것이다.

일본 최초의 컬러텔레비전용 애니메이션 〈밀림의 왕자 레오〉의 제작진 중에서 작가인 데즈카 오사무가 가장 먼저 제외되었다는 사실은 이제 전설이 되었다.

스폰서로부터 '제작을 연기시키는 사람은 필요 없다.'라는 말을 들었기 때문이라고 한다.

실로 어처구니없는 일이다. 요즘 시대로 따지자면 미야자

023

내 마음을 뒤흔드는 '일'에 관한 11가지 이야기

키 하야오(애니메이션 〈이웃집의 토토로〉 〈센과 치히로의 행방불명〉 등을 만들었음) 감독의 작품에서 미야자키 하야오를 제외시킨 것이나 다를 바 없으니 참으로 대단한, 아니 가혹한 일이다.

어느 날이었다.
데즈카 오사무가 소년만화잡지 편집자에게 연락해서 이렇게 말했다고 한다.

"아까 가져간 '블랙잭' 원고를 돌려주었으면 좋겠네."

"네?!"
편집자는 화들짝 놀랐다.
그렇지 않아도 매주 원고를 가장 늦게 완성하는 작가가 바로 데즈카 오사무 선생이었다.
그때도 데즈카 오사무의 원고가 완성되기를 기다렸다가 인쇄소에 간신히 원고를 전달한 직후였다.
"선생님, 그건 불가능합니다. 이미 인쇄에 들어갔습니다."
편집자가 핑계를 대보았지만, 데즈카 오사무는 일단 한 번 말을 꺼낸 이상 다른 말은 들으려고 하지 않는 성격이었다.
편집자는 결국 인쇄소로 황급히 달려가 불같이 화를 내는 인쇄소 직원들에게 거듭 사과하며 가까스로 원고를 회수했다.
편집자는 회수한 원고를 들고 데즈카 오사무의 자택으로

화급히 달려갔다.

원고를 받아든 '선생님'은 책상에 앉아 원고를 수정하기 시작했다.

이미 인쇄소로 넘어갔던 원고를 되찾아오면서까지 데즈카 오사무가 그려 넣은 것.

그것은 바로······.

두세 장의 잎사귀였다.

수정을 마친 데즈카 오사무는 "이제 다 되었네."라며 편집자에게 원고를 돌려주었다고 한다.

편집자는 기가 막혀서 아무 말도 할 수가 없었다.

고작 잎사귀 두세 장을 수정하기 위해 인쇄하기 직전이었던 원고를 회수했단 말인가······.

데즈카 오사무는 이렇게 말했다.

"창작을 하는 자가 완벽을 추구하지 않는다면 어쩌란 말인가."

그는 '신이 자신에게 내린 임무'를 열과 성을 다해 수행한 것이다.

물론 사무실에서 '일반적인 업무'를 진행할 때 데즈카 오사무처럼 항상 완벽을 추구했다가는 납기일을 지키지 못할 수 있다. 일은 '납기일 안에 끝마치는 것'이 전제가 되어야 한다.

그러나 창의력이 요구되는 '창작 활동'에 한해서만은 '납기일을 지키는 것이 최우선은 아니라고' 생각한다.

결과물의 '완성도'를 '최우선'으로 생각해야 한다.

마지막 순간까지 '조금만 더 궁리하면 훨씬 완성도 높은 결과물이 나오지 않을까?'라는 생각을 고집해야 한다.

'일을 하게 해줘…….'라는 유언을 남긴 데즈카 오사무.

거장이 '블랙잭' 원고에 그려 넣은 '두세 장의 잎사귀'는 '창작'에 종사하는 모든 사람이 지녀야 할 '마음가짐'을 말해주는 듯하다.

인생의 버팀목이 되어주는 괜찮은 이야기

3. 마지막까지 노력하는 것이
진정한 삶의 보람이 아닐까.

-데즈카 오사무(강연회에서 한 말)

4. 열심히 만든 것은
다른 사람들도 열심히 봐준다.

-구로사와 아키라(영화감독)

5. 열심히 노력해서 이기는 것 다음으로 좋은 것은
열심히 노력했으나 졌다는 것이야.

-루시 모드 몽고메리(캐나다의 소설가. 《빨강머리 앤》에서 앤이 한 말)

3 의학책에 쓰여 있지 않은 치료법

'기브 키즈 더 월드'의 꿈

.
.
.

'기브 키즈 더 월드(Give Kids the World)'라는 자원봉사 시설에 대해 들어본 적이 있는가?

1986년, 헨리 랜드워스(Henri Landwirth)라는 사업가가 미국 플로리다 주에 설립한 시설이다.

이 시설의 설립 목적을 설명하기 전에 먼저 설립자인 헨리 랜드워스에 대해 이야기해보려고 한다.

헨리 랜드워스는 벨기에에서 태어난 유대인이다.

인생의 버팀목이 되어주는 괜찮은 이야기

그는 제2차 세계대전이 한창이던 어린 시절, 부모와 함께 아우슈비츠 유대인 강제 수용소로 끌려가고 말았다.

그의 부모는 수용소에서 사망했다.

총살당하기 일보직전이었던 그는 어느 독일군 병사의 도움으로 수용소를 탈출할 수 있었다. 며칠 동안 쉴 새 없이 달린 끝에 국경을 넘어 체코에 도착한 그는 다행히도 어느 부부에게 구조되었고 이윽고 종전을 맞았다.

성인이 된 그는 '성공'을 좇아 미국으로 건너갔다.

당시 그의 수중에는 20달러짜리 지폐 한 장이 전부였다.

호텔 보이로 취직한 그는 열심히 일한 끝에 호텔 지배인 자리까지 올라갔고, 마침내 특급 호텔의 오너가 되었다.

그런 그가 '기브 키즈 더 월드'를 설립한 이유는 무엇일까?

그는 호텔 프런트에서 일하던 시절에 '자신의 인생을 뒤바꾸게 될 전화 한 통'을 받았다.

호텔을 예약했던 어느 부부가 예약을 취소하기 위해 건 전화였다.

전화를 받은 헨리 랜드워스는 부부의 목소리에서 심상치 않은 분위기를 감지하고, 부부에게 예약을 취소하는 이유를 물었다.

그러자 그 부부는 난치병을 앓고 있던 자녀가 미키마우스

내 마음을 뒤흔드는 '일'에 관한 11가지 이야기

와 만날 날만을 손꼽아 기다리다가 여행을 떠나기 직전에 세상을 등지고 말았다는 사실을 알려주었다.

그는 그 말에 큰 충격을 받았다.

자신에게는 죽음을 눈앞에 둔 어린이의 그런 작은 소망을 이루어줄 힘조차 없는 것일까?
이러한 의문이 그의 머릿속을 줄곧 떠나지 않았다.

마침내 특급 호텔 오너가 된 헨리 랜드워스는 어느 날 자신이 소유한 호텔 다섯 개를 전부 팔아버리고, 전 재산을 털어 하나의 시설을 설립했다.
바로 그 시설이 '기브 키즈 더 월드'다.

이 시설의 유일한 목적.
백혈병과 같은 난치병에 걸린 어린이들과 그 가족들을 디즈니월드나 유니버설 스튜디오에 무료로 초대하는 것이었다.

'기브 키즈 더 월드'는 오직 이 한 가지 목적만을 위해 설립되었다.
이곳에는 난치병에 걸린 어린이와 그 부모가 초대된다.
일주일 동안 소요되는 숙박비는 물론이고 식사, 왕복 항공권 그리고 디즈니월드와 유니버설 스튜디오 입장권까지 모두 무료로 제공된다.

게다가 테마파크 내에서도 줄을 설 필요 없이 놀이기구를 우선적으로 탈 수 있다.

미리 부탁해 두면 어린이가 잠드는 시간에 맞춰 디즈니 캐릭터가 방문해 아이에게 '굿모닝 키스'까지 해준다.

그리고 '언제 크리스마스를 마지막으로 보내게 될지 모르는 아이들'을 위해 이곳에서는 일 년 내내 크리스마스 파티가 열린다.

게다가 평소 아이의 병간호를 하느라 지친 부모들에게는 둘만의 근사한 저녁 식사가 제공된다. 부모가 저녁 식사를 즐기는 동안 아이는 자원봉사자가 대신 돌봐 준다.

그야말로 꿈같은 일주일이다.

헨리 랜드워스는 이렇게 말했다.

"엄청난 통증으로 고통스러워하는 아이들의 얼굴에 미소가 피어나게 하는 것. 그것이 내가 하고 싶은 일입니다. 아이와 가족 모두에게 행복한 추억이라는 최고의 선물을 선사하고 싶습니다."

시설을 짓기 위한 토지를 구입하기 위해 헨리 랜드워스는 자신의 전 재산을 끌어 모았다.

토지를 제외한 다른 비용은 전부 그 지역 기업의 기부금 등으로 해결할 수 있었다고 한다.

그는 처음 토지를 구입할 때만 '계약서'에 서명을 했으며, 그 후로는 '악수'가 계약서를 대신했다.

계약사회인 미국에서 이는 '있을 수 없는 일'이었다고 한다.

악수만으로 그와 계약을 체결한 사람들도, 막대한 기부금을 낸 지역 기업도, 시설 운영에 도움을 주는 약 2천 명의 자원봉사자들도 모두 헨리 랜드워스의 '꿈'에 공감한 것이다.

'꿈'이란 때로는 다른 사람에게 전염된다.

헨리 랜드워스의 '꿈'이 수많은 사람들에게 전염된 덕분에 지금도 난치병에 걸린 어린이들과 그 가족들은 '꿈같은 추억'을 꾸준히 만들어가고 있다.

6. 의학책에 쓰여 있지 않은 치료법이
한 가지 있다. 바로 꿈을 이루어주는 것이다.

－**헨리 랜드워스**('기브 키즈 더 월드' 설립자)

7. 혼자서 꾸는 꿈은 단지 '꿈'에 불과하다.
그러나 다른 사람과 함께 꾸는 꿈은 '현실'이 된다.

－**오노 요코**(설치 미술가 겸 가수)

48갈색 100회색(四十八茶百鼠)

·
·
·

어떤 일을 할 때 '프로'와 '아마추어'의 차이는 무엇일까?

당신은 그 차이를 단 한마디로 설명할 수 있는가?
관련 서적을 찾아보니 '그 일'에 '제약이 따르는지의 여부'에 따라 그 차이가 크게 달라진다고 한다.

즉 '제한된 조건 하에서 최상의 결과물을 만들어 내는 사람을 프로'라고 하는 것이다.

프로는 제한된 조건을 충족시키면서도 좋은 결과물을 완성하는 사람을 가리킨다고 한다.

그리고 '아마추어'는 제한된 조건을 충족시키지 못하는 사람, '예술가'는 조건에 크게 얽매이지 않는 사람이라고 한다.

또한 그 책에서는 '예산이 좀 더 넉넉하면 좋을 텐데…….'라고 말하는 순간 이미 프로로서 실격이라며, 꽤나 냉정한 잣대를 들이댄다. 하지만 반대로 스폰서의 입에서 '이렇게 열심히 일하니 예산을 좀 더 늘려주겠네.'라는 말을 이끌어내는 사람은 어엿한 프로로 볼 수 있다고 한다.

구로사와 아키라 감독이야말로 바로 그러한 유형의 프로였다.

잠시 에도시대 후반에 대해 이야기해보자.

그 당시 일본에서는 상인들이 막강한 힘을 자랑했다.

평화로운 시대가 오랫동안 이어지다 보니 할 일이 없어진 무사보다 '경제'를 움직이는 상인이 부를 축적했던 것이다.

그 당시의 신분제도는 어디까지나 '사농공상(士農工商)', 즉 '상인'은 가장 낮은 계층이었다.

그런 상인들이 부를 축적하게 되자 가장 높은 계층인 사(士)에 해당하던 관리들은 당연히 그들을 못마땅하게 여기기 시작했다.

'최하위 계층인 상인 주제에 건방지게!'라며 막부는 여러 차례 '사치 금지령'을 내렸다.

'사치 금지령'에는 단순히 '쓸데없는 낭비를 막는 것'뿐만이 아니라 화투나 불꽃놀이 같은 '오락거리'마저 금지하는 등 다양한 제재가 포함되었다. 그중에는 기모노의 소재나 무늬, 그리고 '색상'에 관한 금지 항목까지 있었다고 한다.

한 예로 상인들의 기모노에 사용할 수 있는 색상은 '갈색, 회색, 남색' 세 가지로 제한되었다.

상인들에게는 참으로 달갑지 않은 금지령이었을 것이다.

멋을 부리려고 해도 고작 세 가지 색상밖에 사용할 수 없으니 말이다.

그러나 에도 시대의 상인들은 그런 부당한 결정조차 그저 '네, 그렇습니까?' 하고 묵묵히 받아들일 수밖에 없었다.

그렇다면 과연 상인들은 갈색, 회색, 남색이라는 세 가지 색상밖에 사용할 수 없는 상황에서 어떻게 '멋'을 부렸을까. 그들은 다음과 같은 방법을 사용했다.

제한된 세 가지 색상에 작은 변화를 주어 다양한 조합을 만들어내기 시작한 것이다.

상인들은 '세 가지 색밖에 사용할 수 없다면 그 세 가지 색으로 멋을 내보자!'라고 생각했다.

'갈색'만 하더라도 '에도 갈색(밝은 적갈색)', '리큐 갈색(녹색이 섞인 옅은 갈색, 일본 다도를 정립시킨 센노 리큐의 이름을 따서 지음— 역주)', '센자이(千歳) 갈색(어두운 녹갈색)' 등 근사한 이름을 붙인 다양한 색상이 생겨났다.

가부키 배우였던 제1대 이치카와 단주로가 기모노에 즐겨 사용해 큰 인기를 끌었던 '단주로 갈색(옅은 적갈색)'처럼 멋진 이름을 붙인 색상도 있었다.

이처럼 염색장인들의 손끝에서 탄생한 '풍부한 색상'을 가리키는 말이 바로 '48갈색 100회색'이다.

물론 이 말은 갈색이 48가지, 회색이 100가지 있었다는 뜻이 아니다.

스모의 승부수를 48수라고 부르거나 에도시대에 대도시였던 에도를 가리켜 808마을이라고 일컬었던 것처럼 '수가 많다'라는 뜻을 좋은 어조로 표현한 것이다.

실제로는 48가지가 아니라, 세 가지 색 모두 종류가 100가지 이상이었다고 하니 그야말로 '프로의 솜씨'라 할 수 있다.

정말 그렇다.

서두에서 이야기했듯이 '제한 조건이 있는 상황'에서 '프로다운 결과물'을 만들어 낸 것이다.

에도 시대의 장인들의 솜씨에 감탄이 절로 나올 뿐이다.

내 마음을 뒤흔드는 '일'에 관한 11가지 이야기

여러분도 일을 하다가 '예산'이나 '납기' 또는 '글자 수' 등 여러 힘든 조건에 부딪혀 '말도 안 돼! 그게 가능해?'라고 외치고 싶어질 때면 '48갈색 100회색'이라는 말을 떠올리기 바란다.

결국 '그 어떤 제한된 조건 하에서도 방법은 있기 마련'이다.

오히려 '제한'이 있는 편이 '일하기에 편하다'라고 생각하자.

자고로 '즐기는 사람이 이기는 법'이다.

8. 프로라면 정해진 페이지 수에
담고 싶은 주제를 모두 그려 넣어야만 한다.
- 데즈카 오사무

※하지만 정작 데즈카 오사무 선생은 '마감'이라는
제한을 지키지 않았다(웃음).

9. 마감이란 인간의 힘을 최대한 이끌어내는 장치다.
그렇기에 마감은 무슨 일이 있어도 지킨다.
- 쓴쿠(뮤지션, 음악 프로듀서)

※'마감'이나 '납기'는 일을 할 때 가장 좋은 '제한 조건'이다.
프로라면 최소한 이를 지켜야만 한다.
그리고 마감이나 납기일을 엄수할수록 일에 박차를 가할 수 있다.

10. 인간은 제약이 존재할수록
지성이라는 날개를 힘껏 펼친다.
- 사토 마사히코(미디어 크리에이터)

※그는 '바자루데고자루'(일본 NEC 광고에 등장한 원숭이 캐릭터-역주)나
'돈타코스' 과자 등 각종 광고와 NHK의 '단고 3형제', '피타고라스잇치'
등을 제작했으며, '제약이 많은 세계'에서 자유롭게 날아다니고 있다.

5 '당연하게 여기는 일'을 의심해 본다면……

유카와 씨의 질문

.
.
.

어느 날 한 사람이 평소 즐겨 먹던 유토후(두부탕)를 먹는 중에 이런 생각을 했다.

'유토후는 왜 맛있을까?'

'그거야 두부를 끓일 때 맹물이 아니라 다시마 육수를 사용하기 때문이지!'

혹시 이런 대답을 생각했다면 다시 한 번 묻겠다. 다시마로 국물을 내면 왜 맛있어질까?

이런 의문을 품은 사람의 이름은 이케다 기쿠나에였다.

그는 이학박사 학위를 소지한 도쿄 데이코쿠 대학(지금의 도쿄대학)의 교수였다.

머리가 좋은 사람은 유토후를 먹을 때도 머리를 사용하는가 보다.

어쨌든 이케다 씨의 머릿속에 떠오른 이 소박한 의문이 다시마의 감칠맛 성분인 '글루타민산나트륨'이라는 사실을 발견하는 계기가 되었으니 그저 놀라울 따름이다.

새로운 발견이나 기술의 혁신은 '당연하게 여기는 일'을 의심하는' 호기심에서 출발할 때가 종종 있다.

가장 잘 알려진 사례로 뉴턴을 들 수 있다.

'사과가 떨어지는 것을 보고 만유인력의 법칙을 발견'한 바로 그 일화다.

뉴턴의 집 마당에 실제로 사과나무가 있었다고 하지만, 이 일화가 사실이었는지는 의심스럽다. 어쨌든 '위에서 아래로 물체가 떨어지는' 극히 평범한 현상을 보고 '지구에 엄청난 힘으로 빨려 들어가고 있다.'라는 발상을 할 만큼 연구에 몰두한 것만큼은 사실이다. 보통 사람들은 인력 같은 걸 알아차리지 못할 것이다. 지구가 둥글다면 우리에게 '위'가 지구 반대편에서 봤을 때 '아래'가 되는 것일까? 애초에 '위'라는 것은 무엇일까? 뉴턴은 온종일 이런 생각만 하고 있었기에 인력을 발견할 수 있었다.

또 다른 사례로 '이온수지막을 이용해 바닷물에서 소금을 채취하는 제염기술'을 들 수 있다.

이 기술은 일본의 섬유 화학 기업 아사히카세이의 미야자키 가가야키라는 사원이 '바다에 사는 물고기에서 짠맛이 나지 않는 이유는 무엇일까?'라고 생각한 것에서부터 출발했다고 한다. 그 또한 누구나 '당연하게 여기는 일'에 의문을 품은 것이다.

하우스식품의 창업자였던 우라카미 세이스케 씨는 '어린이 입맛에 맞는 달콤한 카레를 만들 수는 없을까?'라는 생각을 했다. '카레는 매운 것이 당연하다.'라는 고정관념에 의문을 품기 시작한 것이다. 그 후 카레 연구를 위해 전 세계를 돌아다니다 드디어 미국 버몬트 주에서 사과와 벌꿀을 넣은 달콤한 카레를 만든다는 사실을 알아냈다. 그렇게 탄생한 것이 바로 그 유명한 '하우스 버몬트 카레'다. 그야말로 '히데키 간게키!(언제 적 유행어인가!)'다.('히데키 감격!'이라는 뜻으로, 일본의 가수 겸 배우인 사이조 히데키가 1973년에 하우스 버몬트 카레 광고에 출연해 히트시킨 광고 문구—역주)

교토대학에는 '유카와 씨의 질문'이라는 말이 전해지고 있다고 한다.

여기에서 유카와 씨란 교토대학 출신으로 노벨물리학상을 수상한 유카와 히데키 박사를 말한다.

유카와 박사는 만년에 교토대학 내에 설립된 기초물리학연구소의 소장을 맡았는데, 거의 매달 열리다시피 하는 젊은 연구자들의 담화회에 거르지 않고 참석했다고 한다.

그리고 항상 맨 앞줄에 앉아서 종잡을 수 없는 질문을 던졌는데, 젊은 연구자 중에는 이 할아버지가 유카와 박사라는 사실을 모르는 사람이 많아서 그의 질문을 가볍게 넘기거나 마치 어린 학생에게 가르치듯이 설명하는 사람도 있었다고 한다.

그러나 유카와 씨는 그런 연구자들의 태도에 전혀 아랑곳하지 않고 주제에서 벗어난 질문을 끊임없이 던졌다. 의문스러운 점은 반드시 물어봐야 직성이 풀렸던 모양이다.

그런데 주제에서 벗어난 것처럼 느껴지는 '유카와 씨의 질문'이 때때로 연구자들이 놓치고 있던 맹점을 찔러 새로운 전환점을 만드는 계기가 되었다.

교토대학 교수이자 수많은 저서를 집필한 가마타 히로키 씨는 저서에서 다음과 같이 말했다.

"이 일화는 '유카와 씨의 질문'이라는 이름으로 교토대학 물리학 교실에 전해 내려온다. 이 이야기를 들으면 아무리 나이를 먹어도 호기심을 잃지 않고 어린아이와 같은 마음을 지녔던 유카와 씨의 모습이 눈앞에 저절로 떠오른다."

어린아이 같은 순수한 마음으로 남들이 '당연하게 여기는 일'이나 '상식'에 의문을 품는 것.

'다시마의 감칠맛', '만유인력', '바닷물에서 소금을 정제하는 기술' 심지어 '하우스 버몬트 카레'까지도 모두 누구나가 '당연하게 여기는 일'에 의문을 품는 것에서 출발했다.

'필요는 발명의 어머니'라는 말이 있는 것처럼 '의심은 발견의 아버지'라고 말할 수 있지 않을까?

사무실에서 업무 효율을 개선하려면 아직 그 직장에 물들지 않은 신입사원이나 다른 부서에서 온 사람에게 문제점이 무엇인지 물어보는 게 좋다고 한다.

새로운 관점에서 객관적으로 '그 직장 내부에 존재하는 상식을 의심하는 일'이 가능하기 때문이다.

이미 '지금의 일'에 젖어들다 못해 푹 익어버린 사람이라 할지라도 호기심 어린 눈으로 주위를 둘러본다면 새로운 것을 발견할 수 있지 않을까?

유카와 히데키가 되어본다는 마음으로 한 번 해보기 바란다.

11. 호기심만 있으면
언제나 새로운 길로 인도되게 마련이다.

－월트 디즈니(《월트디즈니의 꿈을 이루어주는 성공메시지》 가운데)

12. '상식'이란 그대가 18살 때까지 얻은
'편견'을 집대성한 것이다.

－아인슈타인(미국의 물리학자)

13. 당신이 이러지도 저러지도 못하는 이유는
낡은 규범에 얽매여 있기 때문이다.

－세스 고딘(전 야후 부사장 · 컨설턴트)

피벗을 하듯이 변화하자

⋮

"모두가 '괜찮아.'라고 하는 것은 이미 낡은 것이다. 모두가 '뭐라고?'라고 생각하는 것이 새로운 것이다."

시가 현에 위치한 전통 깊은 화과자점(일본의 전통 과자점-역주) '다네야'의 야마모토 마사히토 사장이 이렇게 말했다.

가게의 오랜 전통을 지키면서도 '항상 새로운 일에 도전하자!'라는 사장의 의지가 전해지는 말이다.

심지어 지금 '다네야'에서 가장 인기를 끌고 있는 상품은 바움쿠헨이라고 한다.

화과자점에서 독일 케이크인 바움쿠헨을 만든다니! 파격적이다 못해 충격적이기까지 하다.

화과자 장인의 섬세한 기술을 응용한 이곳의 바움쿠헨은 날개 돋친 듯이 팔리고 있다.

이것이 사장의 말처럼 모두가 '뭐라고?'라며 고개를 갸웃거릴 '새로운 것'이 아닐까?

다윈의 말 중에 비즈니스 관련 도서에 자주 인용되는 말이 있다.

"가장 강한 종이 살아남는 것이 아니다. 가장 두뇌가 뛰어난 종이 살아남는 것도 아니다. 단지 변화에 잘 적응하는 종이 살아남는다."

힘이 세기만 해서도 안 되고, 큰 머리로 생각만 해서도 안 된다. 세상의 '변화 물결'에 편승해 함께 변화할 수 있는 종이 살아남는다는 뜻이다.

사실 이 말은 다윈이 한 말이 아니라고 하지만, 어쨌든 오늘날 비즈니스 업계에서 반드시 필요한 사고방식인 것은 분명하다.

교토의 전통 과자점에 근무하는 한 장인은 이런 말을 했다.
"사실 교토의 오래된 가게들은 전통의 맛을 그대로 지켜나가고 있는 것이 아니랍니다. 사람들의 입맛에 맞춰 조금씩 변화했기에 이제껏 살아남을 수 있었던 것이지요."

듣고 보니 그렇다. 원래의 맛을 줄곧 지키기만 해서는 살아남을 수 없다.

'살아남기 위해 변화가 필요한 것'은 당연한 일이다.

그러나 이때 필히 주의해야 할 점 한 가지가 있다.

바로 '시대의 물결에 편승해 맹목적으로 변화만 꾀하다 보면 자멸해 버린다.'라는 점이다.

극단적인 비유지만, 화과자점인 '다네야'가 '시대의 물결'에 편승한답시고 뜬금없이 IT산업에 뛰어들어 봤자 좋은 결과를 얻지 못하는 것과 같다.

다네야가 성공한 것은 화과자를 만들며 얻은 노하우를 자신의 '강점'으로 활용했기 때문이다.

현대 경영학의 창시자라 불리는 피터 드러커가 '강점 위에 구축하라.'라고 말한 것도 바로 이런 뜻이 아닐까.

덧붙여 말하자면 '다네야'는 비록 화과자점에서 바움쿠헨을 만든다는 파격적인 시도를 하기는 했지만, 오랜 세월 동안 지켜온 '기본 방침'인 '맛있는 음식을 제공해 많은 사람들을 기쁘게 하겠다.'라는 생각에서는 조금도 벗어나지 않았다.

이 또한 중요한 점이다.

'온고지신(溫故知新)'이라는 말이 있다. '전통을 중시하면서도 그 안에서 새로운 의미와 가치를 발견해내라.'라는 뜻이다.

에도 시대의 시인이었던 마쓰오 바쇼는 헤이안 시대의 승려 구카이의 말을 이렇게 바꾸어 말했다고 한다.

"옛사람의 흔적을 좇지 말고, 옛사람이 추구하고자 했던 바를 따르라."

선인이 남긴 '흔적', 즉 '형태'를 흉내 내려 하지 말고, '선인이 추구하고자 했던 바' 즉 '그 속에 담긴 의지'를 따르라는 것이다.

바꿔 말하면
"자신의 '의지'만 확고히 한다면 형태에 연연하지 않고 계속 변화해도 된다."
라는 뜻이다.

'다네야'는 화과자점이라는 '형태'에 연연하지 않고 '맛있는 음식을 손님들에게 제공하겠다.'라는 '의지'를 관철시켰기 때문에 계속 성공의 길을 걸을 수 있었던 것이다.

방송작가 겸 기획사 사장인 고야마 군도 씨는 '다네야'와 같은 사례를 '피벗'이라는 말로 표현하고 있다.

　'피벗'이란 농구 경기에서 패스할 기회를 노리기 위해 볼을 가진 선수가 한 발을 플로어에 디딘 채 다른 발을 여러 방향으로 옮겨 딛는 동작을 말한다.

　고야마 씨는 이러한 움직임이 '유연한 발상을 하기에 좋은 자세'라고 말한다.

　즉 변화가 극심해 보이지만 한쪽 발을 땅에 붙이고 있기 때문에 결코 축이 흔들리지 않는다.

　'흔들린다'라고 생각하지 말고 '피벗을 한다'라고 생각하면 근간 자체가 흔들리지 않고도 얼마든지 자유롭고 발전적인 생각이 떠오른다는 것이다.

　'살아남기 위해서는 반드시 변화가 필요하다.'

　'다만 피벗을 하듯이 변화하자.'

　결국 그런 뜻이다.

인생의 버팀목이 되어주는 괜찮은 이야기

14. 다수파는 항상 틀리다.

─마크 트웨인(미국의 작가)

※'회의에서 거의 전원이 반대한 의견'이
큰 성공을 거두는 사례가 많은 것도 바로 이러한 까닭이지 않을까…….

15. 적어도 한 번 이상 다른 사람들에게
비웃음을 당하지 않는 아이디어는
결코 독창적이라 할 수 없다.

─빌 게이츠(미국의 실업가)

16. 세상 사람들이 나를 뭐라 하든 상관없다.
내가 하는 일은 오직 나만이 알고 있다.

─사카모토 료마(일본의 메이지 유신을 이끈 영웅)

※주변 사람들이 뭐라 하건 자신은 자신이 옳다고 믿는 일을 할 뿐이다.
일본에 메이지 유신이라는 대개혁을 일으킨 사카모토 료마는
여러 사람에게서 많은 점을 배우면서도 자신의 '신념'만큼은 조금도
굽히지 않았다.

지하철역의 소믈리에

·
·
·

일본 소믈리에 업계의 일인자인 다사키 신야 씨가 어느 대담에서 이런 말을 했다.

"레스토랑, 특히 프렌치 레스토랑에서 말하는 서비스의 원칙은 고객을 대접하는 마음자세……가 아닙니다."

의외의 말에 잠시 고개를 갸웃거렸다.
이어서 그는 그 이유를 다음과 같이 설명했다.

우선 프렌치 레스토랑에서 이루어지는 식사는 대부분 '특별한 행사'일 때가 많다는 점이 중요하다.

남녀 간의 데이트나 배우자와의 결혼기념일, 혹은 거래처를 접대하기 위한 자리처럼 말이다.

따라서 레스토랑을 찾은 고객 중에는 그 자리를 마련한 주최자와 그 자리에 초대를 받은 손님이 존재한다.

이때 만약 레스토랑 직원이 손님에게 지나치게 세심한 서비스를 제공하면 게스트는 '주최자'가 아닌 '레스토랑'에 고마움을 느끼게 된다. 손님을 '대접하는' 것은 어디까지나 주최자여야 한다.

그러므로 프렌치 레스토랑에서는 손님을 '대접하는 것'이 아니라 '보조하는 것'을 서비스의 원칙으로 삼는다고 한다. 식사를 즐겁게 할 수 있도록 곁에서 '돕는 것'이다.

그리고 무엇보다 중요한 것은 '주최자가 돋보일 수 있도록' 돕는 것이다.

주최자인 남성이 와인 전문가인 양 거드름을 피우며 '와인은 샤르통 코를마뉴로 주게.'라고 말해도 '손님, 코르통 샤를마뉴 말씀이십니까?'라고 대답해서는 결코 안 된다.

주최자가 '샤르도네로 하지. 레드와인으로.'라고 말해도 '샤르도네는 화이트와인입니다만……'이라는 말을 해서도 안 된다.

주최자가 망신을 당할 수도 있기 때문이다.

그럴 때는 '오늘은 샤르도네보다 지금 한창 맛이 좋은 메를로가 어떻겠습니까?'라며 고객의 예산을 짐작해서 알맞은 가격대의 다른 와인을 추천하는 것이 좋다.

다사키 신야 씨는 자신의 저서에서 이런 말을 했다.

'소믈리에 트레이닝은 지하철역에서도 할 수 있다.'

이 말은 과연 무슨 뜻일까?

지하철역 플랫폼에서 모르는 사람에게 갑자기 와인을 권하라거나 벤치에 앉아 와인을 마시며 '젖은 개에게서 나는 냄새'가 난다는 식으로 평가해보라는 뜻이 아니다.

다사키 씨가 말하는 '지하철역에서도 가능한 소믈리에 트레이닝'이란 예를 들면 이런 방법이다.

맞은편 플랫폼에 서 있는 사람의 표정이나 몸짓을 관찰하며 다음 행동을 예상해 보는 것이다.

즉 '눈의 관찰력'을 향상시키는 트레이닝을 말한다.

서비스업의 기본은 바로 '관찰력'이다.

다사키 씨의 말에 따르면 일류 소믈리에는 항상 주위 사람의 태도를 관찰하고 '다음 동작'을 예측하는 버릇이 있다고 한다.

그는 이런 말도 했다.

"길에서 종종 다른 사람과 부딪히는 사람은 서비스업에 어울리지 않는다."

듣고 보니 그 말이 맞을지도 모르겠다.
다른 사람과 부딪힌다는 것은 주변을 제대로 살펴보지 않는다는 뜻이니 말이다.

일류 호텔에서는 '손님의 입에서 물을 달라는 말이 나오면 서비스에 실패한 것이다.'라는 말을 듣는다고 한다. 손님이 요구하기 전에 당연히 먼저 물을 준비해야 한다는 뜻이다.

예전에 텔레비전에서 수술을 할 때 의사에게 사용할 도구 (메스 등)를 건네는 일을 전문으로 하는 어느 여성의 영상을 본적이 있다.
이 여성이 하는 일은 의사가 말하는 도구를 단순히 건네주는 것이 아니었다.
수술 과정을 모두 이해하고 기억해야 할 뿐만 아니라 정신을 항상 의사의 손끝에 집중하고 다음에 사용할 도구를 미리 준비해 두었다가 완벽한 타이밍에 건네주어야 하는 것이다.
수술을 한 번 할 때 사용하는 도구의 종류는 무려 100가지 이상이라고 한다.

내 마음을 뒤흔드는 '일'에 관한 11가지 이야기

완벽한 타이밍에 도구를 건네는 일은 '필요한 도구를 미리 준비할 수 있는 뛰어난 관찰력'이 없으면 도저히 불가능하다.

이것이야말로 '다른 사람을 보조하는 자'로서 도달할 수 있는 궁극의 경지가 아닐까.

긴자의 고급 클럽을 운영하는 마담의 말에 따르면 손님에게 인기가 많은 호스티스와 그렇지 않은 호스티스는 얼마나 관찰력이 뛰어나고 눈치가 빠르냐에 따라 결정된다고 한다.

부스럭거리며 가방 안을 뒤지는 손님에게서 '물 좀 달라.'라는 말을 들었을 때 평소대로 얼음물을 내오는 호스티스와 '약을 먹으려고 하는구나.' 하고 눈치를 채고 '미지근한 물을 드릴까요?'라고 말하는 호스티스는 당연히 차이가 날 수밖에 없다.

이것은 비단 서비스업에만 한정된 이야기가 아니다. '뛰어난 관찰력'은 사무직이나 영업직에 종사하는 사람에게도 강력한 무기가 된다.

여러분도 지하철역에서 맞은편 플랫폼에 서 있는 사람의 다음 행동을 예측해 보는 것이 어떨까.

17. 접대란 배려의 품질에 따라 결정된다.

─ 미즈키 아키코(인재육성 컨설턴트, 《퍼스트클래스 승객은 펜을 빌리지 않는다》 가운데)

18. 팬이 생길 만큼 일을 잘하는 사람에게는
몇 가지 공통점이 있다.
'손님을 소중히 여기고 있다는 점을 태도로 나타낸다.'
'겸허하다.'
'입에 발린 말을 하지 않는다.'

─ 히다카 도시미(긴자의 클럽 오너 · 사업가)

8 '깊은 생각'이 만들어 낸 함정

궁극의 커피와 신

∙
∙
∙

예를 들어 당신이 레스토랑을 오픈한다고 가정해 보자.

세련된 프렌치 레스토랑을 여는 것이 꿈이었던 당신은 드
디어 앤티크 스타일의 멋진 목제 테이블과 의자, 화려한 식기
그리고 세련된 인테리어로 꾸며진 레스토랑을 오픈했다.

평소에 알고 지내던 프렌치 레스토랑의 젊은 요리사도 스
카우트해 왔다.

게다가 엄선된 재료를 사용해 1,500엔이라는 저렴한 가격
으로 애피타이저부터 디저트까지 모두 즐길 수 있는 런치 코
스를 준비했다.

오픈을 하면 당연히 손님이 끊이지 않을 것이라고 생각했다.

그런데!
무슨 까닭인지 찾아오는 손님이 너무 없었다.
아니, 도대체 왜?

자신의 생각이 옳다고 굳게 믿는 사람은 이런 함정에 빠지기 쉽다.

여기서 한 가지 사례를 살펴보도록 하자.

경영 컨설턴트인 다케우치 마사히로 씨가 자신의 저서《커피와 샌드위치》에서 소개한 이야기다. 간략히 설명하면 다음과 같다.

어느 나라에 오랜 세월 궁극의 커피를 추구하던 남자가 있었다.
연구를 거듭한 끝에 그 남자는 드디어 커피를 가장 맛있게 내리는 방법을 창안해냈다.
그 다음으로는 궁극의 원두를 찾기 시작한다.

그 남자는 궁극의 커피 원두를 찾아 전 세계를 여행하지만,

내 마음을 뒤흔드는 '일'에 관한 11가지 이야기

만족할 만한 원두는 어디에도 없었다.

절망과 슬픔에 휩싸인 그의 앞에 신이 나타나 이렇게 말한다.

"너처럼 커피를 깊이 연구한 인간은 보질 못했구나. 나도 네가 만든 궁극의 커피를 마셔보고 싶구나. 사실 네가 찾는 궁극의 커피 원두는 천국에 있단다. 너만 괜찮다면 천국에 와서 나에게 궁극의 커피를 만들어주지 않겠느냐?"

이 말을 들은 남자는 크게 기뻐했다.

"당연히 가겠습니다!" 남자는 망설이지 않고 천국으로 여행을 떠났다.

결국 남자는 자신의 목숨을 버리면서까지 천국에 도착한다.

천사에게서 건네받은 커피 원두는 분명 남자가 오랜 세월 찾아다니던 궁극의 커피 원두였다.

'이제 신에게 궁극의 커피를 만들어 드릴 수 있어!'

남자는 평생을 바쳐 익힌 로스팅 기술을 사용해 천국에 있는 최고의 설비와 궁극의 커피 원두로 한 잔의 커피를 완성한다.

"궁극의 커피가 완성되었습니다!"

남자는 흥분된 목소리로 외치며 신에게 커피를 건넸다.

신은 잔을 들어 커피의 향을 충분히 음미한 다음 남자에게 이렇게 말했다.

"설탕과 우유는?"

저자인 다케우치 씨는 이 우화를 통해 '자신의 생각과 고객의 생각이 반드시 일치하는 것은 아니다.', '자신이 생각한 그 제품만을 고객이 원하지 않을 수도 있다.'라는 두 가지 교훈을 이야기하고 있다.

'생각에 지나치게 깊이' 빠져들면 자신의 이상만을 추구하느라 고객의 니즈를 보지 못할 수 있다.

이제 다시 처음에 언급한 프렌치 레스토랑 이야기로 돌아가 보자.
당신은 '커피에 목숨을 건 남자'와 똑같은 함정에 빠졌다.
자신이 꿈꾸는 레스토랑을 만들었을 뿐 손님의 입장에서 찾아가고 싶은 레스토랑을 만들지는 않은 것이다.
뒤늦게 주변 가게를 살펴보니 장사가 잘 되는 가게는 전부 아이들과 함께 먹을 수 있는 1,000엔 이하의 정식 메뉴를 파는 곳이었다.
이 지역을 찾는 손님들은 '온 가족이 먹을 수 있는 저렴한 가게'를 원했던 것이다.

레스토랑에 대한 이야기는 비록 허구이지만, 내가 실제로 알고 있는 한 레스토랑을 모델로 한 것이다. 그 가게는 인테리어도 깔끔하고 맛도 그럭저럭 나쁘지 않은데다 가격도 결코 비싼 편이 아니었지만, 해당 지역을 찾는 고객의 니즈에 부합하지 않아 손님이 전혀 찾아오지 않았다.

근대 일본의 대표적인 실업가였던 시부사와 에이이치는 다음과 같은 말을 했다.

"돈 때문에 어려움을 겪는 이들에게는 공통적인 특징이 있다."

그가 말한 특징이란 바로 이것이다.

'항상 자신의 상황만을 생각한다.'

아무리 근사하고 좋은 것을 마련한다고 해도 오직 자신의 이상만을 내세우기에 급급하다면 그 누구도 기뻐해주지 않을 것이다.

19. 노력은 중요하다.
하지만 그것만으로는 큰 성과를 얻을 수 없다.
중요한 것은 올바른 노력을 했느냐 하는 것이다.

－노무라 가쓰야(전 프로야구 선수 · 감독)

※잘못된 노력은 효율이 떨어질 뿐만 아니라 아무런 성과를 거두지
못할 수 있다. 착각에 빠져 잘못된 노력을 계속하는 것은
시간만 낭비하는 것이다.

행사에 출연하는 가수가
제시간에 오지 못했을 때

그 사람은 얼마나 많은 난관을 거쳤는가?

가령 정해진 납기일을 도저히 맞추지 못할 상황이라거나 만반의 준비를 갖추었던 일에 갑자기 심각한 문제가 생겼을 때 이에 대처하는 자세를 보면 그 답을 알 수 있다.

심장이 오그라드는 일을 수차례 경험한 사람은 위급한 상황에서도 여유가 있다.

'그런다고 죽는 것도 아닌데.'라는 식으로 '이거 일이 재미있게 돌아가는걸.'이라는 멋들어진 대사를 날리기도 한다.

반대로 경험이 부족한 사람은 '냉정히 생각하면 그리 심각한 일도 아닌 문제' 앞에서 어찌할 바를 몰라 갈팡질팡하고 오히려 자신보다 약자인 사람에게 책임을 전가하려고 한다. 보고 있는 사람이 다 민망해질 정도다.

사실 이러한 차이는 나이와는 전혀 상관없다.

경험의 양과 그릇의 크기가 그 차이를 결정한다.

한 경영 컨설턴트는 동료들과 회사를 설립한 직후 자사가 담당하게 된 프로젝트가 생각대로 진행되지 않아 도저히 납기를 맞출 수 없는 위기를 맞았다.

그때 그는 진지한 태도로 사원들에게 이렇게 말했다고 한다.

"두 번 다시 이런 일이 발생하지 않도록 이번 실패를 바탕으로 제대로 된 매뉴얼을 만들어 두세."

과연 훗날 경영 컨설턴트가 될 인물은 다르다.

그는 '축적된 경험이 하나의 재산이 된다.'라는 사실을 본능적으로 알고 있었던 것이다.

또 다른 이야기를 하나 소개해 보자.

이는 어느 기획업체 직원들의 실제 경험담이다.

기획업체가 담당한 어느 대형 제조업체의 판촉 행사에서

고객 증정용으로 준비한 노벨티(제품명이나 기업 로고 등이 들어간 홍보용 증정 상품—역주) 상품이 제시간에 도착하지 못하는 사태가 벌어졌다.

당연히 행사 담당자로부터 엄청난 질책이 쏟아졌다. 업체 직원이 '일단은 대용품을 먼저 증정하는 것이 어떻겠습니까?'라고 제안했지만, 담당자의 노기를 가라앉히지는 못했다. 급기야 업체 직원은 그 자리에서 상사에게 올려야 할 보고서까지 작성하기에 이르렀다.

결국 그날 고객들은 끝내 노벨티 상품을 받지 못했다.

시간이 흘러 같은 기획업체 직원이 어느 중소기업에서 주최하는 파티를 담당하게 되었다.

그런데 이벤트 공연에 출연할 예정이었던 가수가 길이 막히는 바람에 파티 장소에 제시간까지 도착하지 못하게 되었다.

그 사실을 알게 된 직원은 파티 주최자인 사장에게 황급히 달려갔다.

직원은 고개를 숙인 후 사정을 설명했다.

묵묵히 직원의 이야기를 듣고 있던 사장은 표정 하나 변하지 않은 채 이렇게 말했다.

"그래서 대안은 뭔가?"

인생의 버팀목이 되어주는 괜찮은 이야기

그러자 직원은 그 즉시 만일을 대비해 준비해 두었던 마술사의 이름을 대며 '원래 출연 예정이었던 가수보다 지명도도 높고 공연도 훌륭합니다. 출연료에서 추가되는 금액은 저희 쪽에서 전부 부담하겠습니다.'라고 설명했다.

그 말을 들은 사장은 아무런 불만도 제기하지 않고 '알았네. 최대한 서둘러 주게.'라며 직원의 제안을 그 자리에서 승낙했다.

다행히도 가수를 대신해서 출연한 마술사의 공연은 대성공이었다. 파티에 참석한 사람들의 환호와 갈채가 쏟아졌다. 파티가 끝난 후 업체 직원이 '오늘 여러모로 폐를 끼쳐서 정말 죄송했습니다.'라며 거듭 사과하자 사장은 다음과 같이 멋진 말을 던졌다.

"누가 피해를 보기라도 했나? 손님들도 모두 즐거워하지 않았는가. 오늘 파티는 대성공이었네."

게다가 이 사장은 업체 측에서 부담한다고 했던 출연료의 추가 금액까지 전부 지불했다. 업체 측에서는 한사코 사양했지만, 그 사장은 고집을 꺾지 않았다고 한다.

앞서 소개했던 대형 제조업체의 행사 담당자와 파티를 주최한 중소기업의 사장.

그릇의 크기가 소주잔과 드럼통 수준으로 차이가 난다.

그 사람이 가진 그릇의 크기를 가늠할 수 있는 상황이 두 가지 있다.

바로 '위기에 봉착했을 때'와 '자신보다 아래에 있는 사람을 대할 때'다.

'위기의 순간'에 냉정하게 대처할 수 있는지 없는지는 앞서 이야기한 것처럼 '이제껏 거쳐 온 난관의 수'에 따라 달라진다.

한편 '자신보다 아래에 있는 사람을 대할 때'의 태도는 그 사람의 '심적 여유'를 그대로 반영한다.

마음에 여유가 없는 사람은 자신감이 없다.

따라서 '자신보다 아래에 있는 사람'에게 고압적인 태도를 보임으로써 자신의 힘을 과시하고 여기에서 만족감을 얻으려고 한다.

반면 마음에 여유가 있는 사람은 '자신보다 아래에 있는 사람'이 실수를 범해도 관대한 태도를 보인다. 아니, 애초에 상대방이 자신보다 '아래'에 있다는 생각 자체를 하지 않는다.

상대방이 어떤 입장에 놓여 있든 간에 다른 사람을 대할 때 항상 일관성 있는 태도를 유지한다.

대기업에서 일하지만 그릇이 소주잔만한 사람.
중소기업에 있더라도 그릇이 드럼통만한 사람.

당신의 그릇은 얼마나 큰가?

인생의 버팀목이 되어주는 괜찮은 이야기

20. 터무니없을 만큼 큰 자존심을
보잘것없을 만큼 인색한 인간이 갖고 있다.
—볼테르(프랑스의 철학자 · 작가)

※볼테르도 참으로 듣기 거북한 소리를 거침없이 잘 한다.

21. 전술을 보는 눈은 수많은 난관을 통해 길러진다.
—가마모토 구니시게(전 축구선수)

22. '진 적이 있다.'라는 것이
언젠가 큰 재산이 된다.
(이노우에 다케히코의 만화 《슬램덩크》 가운데,
항상 승리를 거두던 팀이 시합에서 졌을 때 감독이 선수들에게 한 말)

※패배와 좌절 모두 자신을 연마시켜주는 숫돌이다.

어부들을 설득한 방법

∙
∙
∙

"지극정성에 움직이지 않을 사람은 이 세상에 아무도 없다."

이 말은 에도 시대의 사상가 요시다 쇼인의 말로 유명하지만, 원래는 맹자가 한 말로 '성의를 다하면 어떤 사람이든 마음을 움직여준다.'라는 뜻이다.

이 말은 인간인 이상 누구에게나 통하는 영원불멸의 진리가 아닐까.

그 증거라고 하기는 그렇지만, 빌 게이츠도 다음과 같은 말을 했다.

"사람의 마음을 사로잡는 것. 그것은 바로 '성실'
이다."

맹자와 빌 게이츠.
중국의 사상가와 현대 미국의 실업가가 모두 '성실한 마음
이야말로 다른 사람을 움직인다.'라는 사실을 강조하고 있는
것이다.

화제를 잠시 돌려 보자.
이번에 할 이야기는 도쿄 디즈니랜드의 탄생 비화다.

아시다시피 도쿄 디즈니랜드는 매립지에 건설되었다.
운영을 맡은 일본 오리엔탈사가 가장 먼저 착수한 것이 바
로 이 매립지 사업이었는데, 이를 진행하기 위해서는 해결해
야 할 큰 문제가 있었다.
바로 '현지 어부들로부터 그들의 생활 기반인 어업권의 일
부를 포기하게 하는 일'이었다.
설득해야만 하는 어부의 수가 무려 1,700명에 달했다.
실업가였던 다카하시 마사토모가 난항을 거듭할 것이 분명
한 이 협상을 일임 받게 되었다.

만약 당신이 다카하시 씨의 입장이었다면 어떤 식으로 협상을 진행할 것인가?

설명회를 열 것인가? 아니면 보상금의 액수를 대폭 인상할 것인가?

설명회는 매우 효과적인 수단처럼 보이지만 '설명회를 들으러 오라.'라고 이야기하는 것 자체가 이미 고압적으로 느껴질 수 있다. 아무리 감동적인 선물을 준비하더라도 어부들은 스스로 찾아오지 않을 것임이 분명하다.

보상금도 마찬가지다. 어중간한 금액으로는 어부들의 마음을 돌릴 수 없는데다 '무엇이든 돈으로 해결하려는' 태도는 어부들의 자긍심에 상처를 입힐 수도 있다.

까다로운 어부들과 협상에 나서기 위해 다카하시 씨가 선택한 방법.

그것은 바로…….

어부들과 술잔을 주고받으며 속을 터놓고 이야기를 나누는 것이었다.

정공법을 택했다. '한가운데 직구'로 승부한 것이다.

'어업권의 일부를 포기한다는 것은 어부에게 매우 중대한 문제다. 어떤 감언이설도 통하지 않는다. 고개를 숙이고 성심성의껏 대해 상대방의 신뢰를 얻어내는 수밖에 없다.'

다카하시 씨는 협상을 앞두고 이런 결론을 내렸다.

거의 매일 밤마다 어부들을 술자리에 초대해 일일이 고개 숙여 부탁했다.

게다가 어지간히 술을 잘 마시는 어부들을 상대해야 했다.

'잠시 전화 좀 하고 오겠습니다.'라며 자리를 뜬 후 화장실에 가서 속을 비워낸 후 다시 자리로 돌아와 술을 마셨다. 그런 자리를 매일 밤 마련하며 다카하시 씨는 어부들과의 심적 거리를 줄여나갔다.

1962년 3월.

우라야스 시의 어업협동조합 총회에서 어업권의 일부 포기를 포함한 타협안이 만장일치로 가결되었다. 적어도 2, 3년은 걸릴 것이라 예상했던 협상을 불과 반년 만에 성공시킨 것이다.

1,700명의 어부와 술잔을 나누며 고개를 숙이는 미련하고 우직한 방법이 사실 '가장 빠른 지름길'이었던 셈이다.

무엇보다 중요한 것은 다카하시 씨가 진심으로 어부들과 어울리며 그들과 '동료'가 되었다는 점이다.

게다가 완고한 성격의 어부들 또한 일단 한 번 마음을 열자 단숨에 어업권을 포기할 만큼 도량이 큰 인물들이었다.

사이타마 현에 위치한 작은 서점은 책을 훔쳐가는 일이 잦

내 마음을 뒤흔드는 '일'에 관한 11가지 이야기

아지자 고민 끝에 다음과 같은 글을 써 붙였다. 그러자 더 이상 피해를 입지 않았다고 한다.

"항상 저희 서점을 이용해 주셔서 감사드립니다. 오늘은 항상 저희 서점을 이용해 주시는 여러분께 부탁드리고 싶은 일이 있습니다. 요즘 들어 ○○라는 잡지와 ××라는 잡지가 매주 한 권씩 없어지고 있습니다. 만약 수상한 사람을 발견하면 직원에게 알려주시지 않겠습니까. 여러분의 힘을 빌려주시길 간절히 부탁드립니다."

이 글이 효과를 본 이유는 고객을 '자신의 아군'으로 삼았기 때문이다.

만약 '책을 훔치는 일은 범죄입니다.'라는 식상한 문구를 써 붙였다면 선량한 일반 손님은 '나까지 괜히 의심을 받잖아!'라는 생각에 불쾌했을 것이다.

하지만 '여러분의 힘을 빌려주시길 간절히 부탁드립니다.'라는 말 한마디로 손님들을 '서점을 함께 지키는 동료'로 끌어들인 것이다.

원만한 대인관계를 유지하기 위해서는 '상대방과 마음을 나누는 것'이 가장 중요하다.

그러기 위해서는 '상대방을 신뢰하고 자신의 성의를 보여야 한다.

　이것이 인간관계에서 생기는 문제를 해결하는 가장 확실한 해결책이다.

23. 신실함과 성실함이 없는 예의란,
속이 뻔히 들여다보이는 연극이자
거짓 연기일 뿐이다.

－니토베 이나조(농학자 · 교육자)

24. 우직하다고 비웃음을 당할지라도
결국 승리는 반드시 성실한 자에게 돌아간다.

－도고 헤이하치로(일본의 군인)

25. 상대방과 직접 만나 대화를 나누는 것이
서로에 대한 나쁜 감정을 단숨에 없애는
가장 좋은 방법이다.

ㅡ 링컨(미국 제16대 대통령)

'비즈니스'가 '해피니스'로 바뀔 때

:

어린 시절, 어린이는 '어린이'로 있기만 하면 되었다.

그러나 어른이 되면 '무언가'가 되어서 스스로 살아갈 방도를 찾아야 한다.

스스로 살아가는 방법은 바로 '일'을 하는 것이다.

하지만 대다수의 사람들은 과연 '무엇이 되면 좋을지' 스스로 알지 못한다.

'일을 한다'라는 것은 과연 무엇일까?

돈을 벌 수만 있다면 그것으로 충분한 것일까?

이번에는 '믿을 수 없는 광경을 본 사람'이 등장하는 두 가지 이야기를 소개해 보려고 한다.

첫 번째 이야기는 신주쿠에 있는 어느 주차장에서 관리인으로 일하던 한 남성(=아저씨)의 이야기다.

주차장 관리인은 대개 무뚝뚝한 편이지만, 그 아저씨는 항상 활기차고 얼굴에 미소가 가득했다. 주차장이 '만차'일 때는 입구에 서서 주차장에 들어오려는 차의 운전자에게 일일이 사과를 했다.

다른 관리인이라면 '만차'라고 쓰여 있는 간판을 내걸고, 관리인실에서 만화 따위나 보고 있을 텐데 말이다. 그러던 어느 날, 그 관리인 아저씨가 집안 사정으로 주차장 일을 그만두게 되었다.

아저씨가 마지막으로 근무하던 날.

평소 그 주차장을 이용하던 한 고객이 아저씨에게 선물을 하기 위해 과자 한 상자를 샀다. 항상 아저씨가 열심히 일하는 모습을 보며 감동을 한데다. 사실 예전에 갑작스럽게 비가 쏟아진 날에 아저씨에게서 우산을 빌린 적도 있었기에 그 보답도 할 겸 선물을 드리자고 생각한 것이다.

과자 상자를 들고 관리인실을 찾아간 그는 그곳에서 '믿기지 않는 광경'을 보았다.

그가 관리인실에서 본 것.

그것은 바로,

수많은 꽃다발과 산더미처럼 쌓인 선물 상자 그리고 아저씨와 기념사진을 찍기 위해 줄지어 서 있는 이용객들의 모습이었다.

이번에 소개할 이야기는 작은 슈퍼마켓의 계산대에서 일하던 어느 여성에 대한 이야기다.

이제껏 여러 회사를 옮겨 다닌 그녀는 지금 하고 있는 일에 불만을 품고 있었다.

어느 날 그녀는 시골에 살고 있는 어머니에게서 고향으로 내려오라는 전화를 받고 귀향을 결심한다. 짐을 싸던 중 그녀는 오래 전에 쓴 일기를 발견하게 되면서 피아니스트를 꿈꾸던 어린 시절을 떠올린다.

그 시절에 비해 지금의 자신은 힘든 일로부터 '도망치기에 급급한' 사람이 되어버리고 말았다. 그녀는 울면서 어머니에게 전화를 걸어 '여기서 좀 더 노력해보겠다.'라고 말한다. 다음 날부터 그녀의 일하는 모습이 완전히 바뀌었다.

피아노를 치듯이 버튼 위치를 외우자 계산을 할 때 여유가 생기기 시작했고, 손님 한 사람 한 사람과 대화를 즐길 수 있게 되었다. '오늘은 참치보다 가다랑어가 더 좋아요.'라는 조언도 할 수 있게 되었다.

그러던 어느 날 그녀는 기적과도 같은 경험을 했다.

그날따라 슈퍼마켓 안이 사람들로 무척 혼잡했다. 그녀는 평소처럼 손님들과 대화를 나누면서도 쉴 새 없이 손을 움직였다. 그런데 갑자기 '죄송하지만 비어 있는 다른 계산대를 이용해 주시기 바랍니다.'라는 안내방송이 흘러나왔다. '무슨 일이지?'라는 생각에 주위를 둘러본 그녀는 '믿을 수 없는 광경'을 접하고 말았다.

계산대 다섯 곳 가운데 자신의 계산대에만 손님들이 줄을 서 있는 것이었다.

믿을 수 없게도 다른 네 곳의 계산대는 텅 비어 있었다.

점장이 달려와 손님들에게 '손님, 비어 있는 다른 계산대를 이용해 주십시오.'라고 한 그때, 한 손님이 이렇게 대답했다.

"내버려 두세요. 저는 이곳에 물건을 사러 온 게 아니에요. 저 분과 이야기를 나누러 온 거라고요."

그 말을 들은 순간, 그녀는 그 자리에서 울음을 터뜨리고 말았다.

이 두 편의 이야기는 꾸며낸 이야기가 아니라 실화다. 즉 이야기 속 주인공은 모두 실제로 존재하는 사람들이다.

주차장의 관리인 아저씨의 이야기는 강사로 활동하며 수많은 사람에게 '일하는 의미'를 끊임없이 전하고 있는 후쿠시마 마사노부 씨가 자신의 저서에 소개한 목격담이다.

계산대에서 근무하는 여성의 이야기는 동기부여 관련 세미나로 유명한 기노시타 하루히로 씨의 저서에 나오는 이야기

내 마음을 뒤흔드는 '일'에 관한 11가지 이야기

로 그녀는 그 후 주임으로 승진해 신입사원의 교육까지 담당
하게 되었다고 한다.

'주차장 관리'나 '슈퍼마켓 계산' 일을 아무 생각 없이 한다
면 '그저 지루한 일'로밖에 여겨지지 않을 수도 있다.
하지만 이처럼 '지루한 일'에도 자부심을 느끼고 웃음을 잃
지 않으며 항상 최선을 다하면 '비즈니스'가 '해피니스'로 바뀐
다.

후쿠시마 마사노부 씨는 이렇게 말했다.

"일을 한다는 것은 자신의 존재를 증명하는 것입
니다. 타인과의 관계를 통해 자신의 존재를 증명
하는 것이지요. 일의 의미란, 이처럼 타인과의 관
계 속에서 자신의 필요성을 느끼는 것입니다."

그저 지루하게만 느껴지는 일. 그야말로 잡일처럼 느껴지
는 일이라 할지라도 대부분의 일은 '타인'과 얽혀 있다. '설거
지'조차도 '요리를 먹은 손님', '닦은 그릇을 사용하는 요리사'
식으로 다른 '사람'과 관련되어 있지 않은가?
'타인'과 관련된 일에는 사실 큰 보람이 숨어 있다.

주차장 관리인실 안이 꽃다발과 선물로 가득 찬 것도, 슈퍼

마켓에서 일하던 여성의 계산대 앞에만 손님들이 길게 줄을 늘어선 것도, 두 사람이 일하는 모습을 다른 사람들이 사랑해주었기 때문이다.

"자신이 일하는 모습을 다른 누군가가 사랑해준다."

일을 하는 사람으로서 그보다 기쁜 일이 어디 또 있을까?

26. 최선을 다하면 일이 재미있어지고, 일이 재미있어지면 노력을 하게 된다.
그것이 바로 진정한 노력이다.
노력해야 한다고 생각하며 노력하는 건
진정한 노력이 아니다.

ㅡ구로사와 아키라(영화 감독)

27. 세상에 '잡일'이란 일은 없다.
당신이 자신의 일을 대충 했을 때 그 일이 잡일이
되는 것이다.

－오쿠와키 요코(커뮤니케이션 아트 아카데미 대표)

28. 잡무야말로 예술적으로 해라.

－센다 다쿠야
《《죽을 때까지 직업에서 곤란을 겪지 않는 법－20대에 만나야 할 100가지 말》 가운데)

내 마음을 뒤흔드는 '대인관계'에 관한 11가지 이야기

그가 극단을 그만두지 않은 이유

...

어느 젊은 코미디언이 개그 극단에 입단한 지 3개월이 지났을 무렵의 이야기다.

그는 돈을 많이 벌고 싶어서 극단에 들어왔지만, 사실 무대 공포증이 심했다.

무대에 서는 순간, 대사를 송두리째 잊어버리곤 했다.

게다가 소심한 성격이라 무대에서 한 번 실패를 하면 한동안 그 충격에서 벗어나질 못했다.

솔직히 말해 그는 코미디언에 전혀 어울리지 않는 사람이었다.

비록 연기는 서툴러도 춤과 노래를 잘하는…… 것도 아니었다. 노래도 못하는데다 춤이라고는 제대로 출 줄도 몰랐다. 같은 극단에 있던 댄서들로부터 '리듬감이 없다'라거나 '재능이 없다'라는 말을 대놓고 들을 만큼 실력도 형편없었다.

그런 그는 어느 날 극단 연출가로부터 이런 말을 듣고 만다.

"이봐, 내가 이제껏 수많은 코미디언을 봐왔지만 말이야. 빨리 배우는 놈들은 일주일, 느린 놈들도 한 달이면 코미디언다운 개그 센스를 익힌다고. 너 같은 녀석은 정말 보기 드물어. 3개월이 지났는데도 코미디언다운 분위기가 전혀 풍기질 않으니 말이야. 그만둘 생각이면 조금이라도 빨리 그만두는 게 좋아. 너는 코미디언이 될 만한 소질이 전혀 없어."

그런 말을 듣지 않았더라도 이미 그는 자신감을 완전히 잃고 만 상태였다.
워낙 순한 성격이었던 그는 연출가의 말을 듣자마자 곧바로 자신의 꿈을 포기하고 이번 달을 끝으로 극단을 그만두기로 결심한다.
그리고 극단의 단장 격이자 스승에게 자신의 결심을 말하러 갔다.

스승은 그의 이야기를 끝까지 듣고 나서 이렇게 말했다.

"그래서 네 마음은 어떠냐? 정말 그만두고 싶은 거냐?"

그 물음에 그는 '저는 사실 앞으로 두세 달은 더 노력해 본 다음에 그만두고 싶은데…….'라고 솔직히 대답했다.

그러자 그 말을 들은 스승이 이렇게 말했다.

"그러냐? 사실 너는 그만두고 싶은 마음은 없는 거로구나. 그래, 그럼 여기서 잠깐만 기다려라."

그러더니 스승은 자리를 비웠다.

5분도 채 지나지 않아 돌아온 스승은 '너 말이다. 그냥 계속해서 해라!'라는 말만 하고 사라졌다.

결국 그는 극단을 그만두지 않게 되었다.

그는 극단을 그만두지는 않았지만, 마치 여우한테 홀린 듯한 기분이 들었다.

그로부터 며칠이 지난 후 그는 자신에게 '그만두라.'라고 말했던 연출가에게 무슨 일이 있었는지 물어보았다.

자신에게 '여기서 잠깐 기다려라.'라고 말한 스승이 곧장 연출가를 찾아가 그가 극단을 그만두지 않도록 해달라고 설득한 사실을 알게 되었다.

스승은 연출가를 이런 말로 설득했다고 한다.

"그 녀석을 자르지 말아주게! 재능은 없지만 '알겠습니다!'라고 그렇게 기분 좋게 대답하는 녀석은 그리 많지 않다네.

내 마음을 뒤흔드는 '대인관계'에 관한 11가지 이야기

그러니 그 대답을 믿고 그를 이곳에 계속 있게 해주게!"

스승의 말을 그에게 전한 연출가는 이렇게 덧붙여 말했다.

"이 세계에서는 재능이 있고 없고가 중요한 게 아니야. 너처럼 재능 없는 녀석을 단장이 직접 찾아와 자르지 말아달라고 부탁한 거, 우리 업계에서는 바로 이런 점이 중요해. 단장에게 '저 녀석을 응원하고 싶다.', '도와주고 싶다.'라는 마음이 들게 했으니 넌 앞으로 틀림없이 최고가 될 거야. 단한 명이라도 너를 응원해주는 사람이 있다면 절대 그만두지 마. 평생 그만둬서는 안 돼, 알았어?"

그는 이 말을 듣고 그 자리에서 기쁨의 눈물을 흘렸다.

눈물을 흘리면서도 '어떤 일이 있더라도 절대로 코미디언을 그만두지 않겠다. 언젠가 최고가 돼서 반드시 스승에게 보답하겠다.'라고 맹세했다.

이때 울면서 은혜를 갚겠다고 맹세한 그의 이름은 하기모토 긴이치.

우리가 알고 있는 바로 그 '긴짱'(맡은 프로그램마다 30% 이상의 시청률을 올린 일본의 인기 코미디언 겸 사회자-역주)이다.

만약 이때 아무도 그를 붙잡지 않았더라면 어떻게 되었을까? 하기모토 긴이치는 코미디언의 꿈을 포기했을 것이다. 그리고 훗날 '시청률의 남자'라고 불릴 만큼 인기 있는 방송인 또한 탄생하지 못했을 것이다.

그 후 하기모토 긴이치는 집안 사정으로 결국 극단(아사쿠사의 도요극장)을 떠나게 되었지만, 코미디언을 그만두지는 않았다.

집안 사정으로 극단을 그만두던 날, 그는 단원들로부터 무려 자신의 일 년치 월급에 해당하는 금액을 전별금으로 받았다고 한다.
스승은 이런 말을 하며 그에게 전별금을 건넸다.

"많이 놀랐지? 네가 경제적인 어려움 때문에 극단을 그만두게 되었다고 하자 다들 500엔씩 보태주었다. 극장을 청소해주시는 아주머니께서도 돈을 보태주셨단다. '긴짱이 늘 아침 일찍 와서 무대에서 큰 소리로 연습하는 모습을 지켜봤기 때문에 앞으로도 힘을 냈으면 좋겠다.'라면서 말이야."

하기모토는 자신의 저서를 통해 '이 날이 자신의 인생에서 가장 많이 울었던 날이 아닐까.'라고 밝혔다.

하기모토 긴이치라는 모두가 사랑하는 커다란 꽃은 이런 시절을 거쳐 피어난 것이었다.

29. 재능이 없어도, 몇 번이나 실패해도
열심히 하다 보면 언젠가 행운의 신이 돌아봐 준다.

─하기모토 긴이치(코미디언)

30. 기대할 만큼 남들이 자신을 주목하진 않지만,
그렇다고 실망할 만큼 외면을 하는 것도 아니다.

─겐조 도루(편집자, 일본 벤처 신화의 주인공 후지타 스스무와 공동 집필한 책의 제목)

※타인의 시선을 지나치게 신경 쓰는 것도 어리석은 행동이지만,
그렇다고 해서 '어차피 나 같은 건 아무도 거들떠보지 않는걸.'이라고
여기는 것도 잘못된 생각이다.

31. 열심히 할 겁니다.
'저의 꿈'은 이제 더 이상 '저만의 꿈'이 아니니까요.

─다카하시 다이스케(피겨스케이팅 선수)

※다카하시 선수는 큰 부상을 당한 계기로 '자신을 응원해주는 사람들이
주위에 많이 있었다는 사실'을 깨달았다고 한다.
그리고 '앞으로 스케이팅을 통해 그분들에게 보답하고 싶다.'라는 뜻을 밝혔다.

나가시마 시게오가
마쓰이 히데키에게 전한 말

•
•
•

2013년, 마쓰이 히데키가 현역에서 은퇴했다.

사실 그는 어린 시절부터 한신 타이거즈의 팬으로, 가케후 마사유키 선수를 좋아했다.

세이료 고교 야구부원으로 고시엔 전국고교야구대회에서 활약한 그는 일찌감치 프로 입단을 희망했다.

그러나 운명의 드래프트 날, 한신 타이거즈가 아닌 요미우리 자이언츠가 협상권을 획득하고 말았다.

제비뽑기에 성공한 사람은 당시 요미우리 자이언츠의 감독이었던 나가시마 시게오였다.

훗날 이 두 사람이 함께 국민영예상을 받게 될 것이라고는 아무도 상상하지 못했을 것이다. 그리고 보면 인생이란 참으로 불가사의한 것이다.

참고로 마쓰이는 '한신 타이거즈 입단'을 무조건 고집하지는 않았다고 한다.

그는 저서에서 '자신을 지명해준 구단에 들어갈 생각이었다.'라고 밝혔다.

나가시마 감독은 오로지 야구에만 전력투구하는 마쓰이 선수를 무척 아꼈다고 한다.

두 사람 모두 하루 종일 야구에 대한 생각이 머릿속에서 떠나질 않는 '야구 바보'였다.

그러니 당연히 마음도 잘 맞았을 것이다.

마쓰이 선수가 아직 자이언츠에 있던 시절, 슬럼프가 찾아오거나 하면 한밤중에 갑자기 감독이 '어이, 마쓰이. 배트 들고 잠깐 나와.'라고 전화를 걸어왔다고 한다.

마치 와다 아키코(일본의 국민 가수로 일본 연예계의 대모로 불린다–역주) 씨가 '얘, 잠깐 한 잔 하러 나와.'라고 부르는 듯한 분위기였지만, 전화를 받은 마쓰이 선수는 기뻐하며 나가시마 감독의 자택으로 찾아갔다고 한다.

덴엔초후(일본을 대표하는 부촌–역주)에 있는 나가시마 감독의 집에는 지하실이 있었는데, 그곳은 두 사람이 밀회를 즐기는 장소……가 아니라 스윙 연습을 하는 장소로 쓰였다.

'연습'이라고는 해도 그저 하염없이 허공에 배트를 휘두르는 것뿐이었지만, 놀라운 것은 바로 나가시마 감독의 태도였다.

그는 스윙을 하는 마쓰이 선수를 전혀 쳐다보지 않았다. 눈을 감고 마쓰이 선수가 배트를 휘두를 때 나는 소리를 가만히 듣기만 했다.

'오로지 그것밖에 신경 쓰지 않는다.'라고 할 만큼 배트를 휘두를 때 나는 소리에 집중했다고 한다.

게다가 나가시마 감독은 마쓰이 선수가 배트를 휘두를 때 나는 소리만을 듣고 '이번 공은 인코너로군.' 혹은 '응? 이번엔 아웃코너 낮은 쪽인가?'라는 식의 말을 했다고 하니 그저 놀라울 따름이다.

'일류 타자는 스윙 연습을 할 때도 투수가 공을 던진다고 상상하고 어디로 칠지 머릿속으로 그리며 배트를 휘두른다.'라는 말을 들어본 적이 있다. 하지만 다른 사람이 배트를 휘두르는 소리를 듣고 그 모습을 상상하는 사람은 이 세상에서 오직 나가시마 감독밖에 없지 않을까.

나가시마 감독은 한신 타이거즈의 가케후 마사유키 선수가 슬럼프에 빠져 전화를 걸어왔을 때도 '거기서 배트를 한 번 휘둘러보게.'라고 말해 전화 너머로 가케후 선수가 배트를 휘두

인생의 버팀목이 되어주는 괜찮은 이야기

르는 소리를 들었다는 이야기가 전설처럼 남아 있다.

　한편 마쓰이 선수가 뉴욕 양키스에 소속되어 있던 2006년 5월.
　그는 선수 생명을 위협할 만한 큰 부상을 입고 말았다.
　외야 수비 도중 슬라이딩 캐치를 시도하다 그만 왼쪽 팔목이 부러진 것이다.
　무슨 일이든지 항상 긍정적으로 생각했던 그도 그때만큼은 크게 낙심해서 자신의 감정을 제대로 추스르지 못했다고 한다.
　마쓰이 선수는 심적으로 나약해지고 말았다.
　그런 그의 마음에 다시 한 번 불을 지펴준 것은 일본에서 걸려 온 한 통의 전화였다.
　전화를 건 사람은 바로 나가시마 감독이었다.
　그는 처음으로 큰 부상을 입고 낙심해 있던 마쓰이에게 전화를 걸어 이렇게 말했다.

　"마쓰이, 앞으로 많이 힘들겠지만 말이야. 재활 훈련은 거짓말을 하지 않는다네. 그러니 열심히 하게. 알겠지?"

　마쓰이 선수는 당시의 일을 이렇게 설명했다.

내 마음을 뒤흔드는 '대인관계'에 관한 11가지 이야기

"나가시마 감독님은 '부상을 당해 유감이네.'라든가 '슬라이딩을 하지 않았으면 좋았을 텐데.'라는 말처럼 과거를 돌아보는 듯한 말을 전혀 하지 않으셨다. 감독님은 항상 앞일만을 이야기하셨다. (중략) 여러분도 잘 아는 그 밝은 목소리에 몇 번이나 격려를 받고 용기를 얻었는지 모른다."

이때 마쓰이 선수가 큰 용기를 받았던 배경에는 그저 자신이 존경하는 나가시마 감독으로부터 받은 전화라는 것 이외에도 또 다른 큰 이유가 한 가지 있었다.

그보다 2년 전이었던 2004년에 나가시마 감독은 뇌경색으로 쓰러졌다.

즉 전화를 걸었을 때 나가시마 감독 또한 이를 악물고 재활 훈련을 하고 있었던 것이다.

쓰러진 직후 말도 제대로 하지 못했던 나가시마 감독이 이처럼 또렷한 목소리로 자신을 힘차게 격려해주고 있다…….

'재활 훈련은 거짓말을 하지 않는다네.'

이처럼 설득력 있는 격려의 말이 어디 또 있을까.

그 말에 다시 기운을 차린 마쓰이 선수는 고민만 하고 있던 자신의 모습을 반성했다.

그러자 머릿속이 온통 '앞으로 어떤 식으로 재활 훈련을 해야 할까?'라는 생각으로 가득 찼다고 한다.

마쓰이 선수는 초등학교 시절 부친이 반지(半紙 : 붓글씨 등에 사용하는 일본 종이의 일종—역주)에 써서 보내준 다음과 같은 말을 자신의 좌우명으로 삼고 있다.

"노력할 수 있다는 것 자체가 재능이다."

나가시마 감독에게서 '진정한 격려'를 받은 마쓰이 선수는 예전처럼 긍정적인 사고로 열심히 노력한 끝에 부상을 완전히 털고 일어났다.

32. 마음이 바뀌면 행동이 바뀐다.
행동이 바뀌면 습관이 바뀐다.
습관이 바뀌면 인격이 바뀐다.
인격이 바뀌면 운명이 바뀐다.

(마쓰이 선수의 모교 세이료 고교의 벤치에 걸려 있던 말)

※힘든 훈련을 '습관'으로 만든 마쓰이 선수야말로
이 말을 그대로 현실로 옮긴 사람이다.

33. 매 경기마다 안타를 칠 수는 없다.
하지만 매 경기마다 최선을 다해 플레이를
할 수는 있다.

－마쓰이 히데키(전 프로야구 선수)

34. '재능'이란 지속할 수 있는 열정이다.

– 모파상(프랑스의 작가)

35. 내가 가장 자랑스럽게 생각하는 기록은
연속 풀이닝 출전 기록이 아니라
1002타석 연속 무병살타 기록이다.

– 가네모토 도모아키(전 프로야구 선수)

※1,492경기 연속 풀이닝 출전보다도 범타가 나왔을 때 '전력질주'한 것
을 더 자랑스럽게 여기다니…….
가네모토 선수가 야구에, 아니 자신의 삶에 어떠한 자세로 임하는지를
엿볼 수 있는 대목이다.

당신의 '아메후리코조'

:
:

하기모토 긴이치 씨는 유명인의 사인이 들어간 서화판을 단 한 장 갖고 있는데, 그 사인의 주인공은 바로 각본가 미타니 고키라고 한다.

그의 사인이 들어간 서화판을 하기모토에게 선물한 사람은 바로 아이돌 그룹 SMAP의 멤버인 가토리 신고이다.

그 경위는 다음과 같다.

어느 날 하기모토는 미타니 고키가 쓴 각본을 보게 되었다.

그 작품을 보고 미타니의 팬이 되어버린 하기모토는 미타니와 자주 일을 하는 가토리에게 '다음번에 미타니 씨를 만날 기회가 있으면 사인을 받아다 줘.'라고 부탁했다.

그런데 그로부터 반년 후, 하기모토 본인조차 자신이 했던 부탁을 까맣게 잊고 있던 때의 일이었다.

하기모토와 함께 일을 하게 된 가토리 신고가 미타니 고키의 사인이 들어간 서화판을 조용히 꺼내더니 '얼마 전에 미타니 씨를 우연히 만나게 되어서 받았어요.'라며 사인이 들어 있는 서화판을 건넸다고 한다.

하기모토는 사인을 받은 것보다 가토리가 자신과 한 '작은 약속'을 기억하고 있었다는 사실이 더 기뻤던 모양이다. 텔레비전에 나와 '보통 반년 전에 한 약속 같은 건 잊어버리고 말잖아. 그런데 이 녀석은 그걸 기억해주었단 말이지.'라고 기쁜 듯이 말했다.

작은 약속.

데즈카 오사무의 작품 중에 이를 주제로 한 단편만화가 있다.

제목은 '아메후리코조(비의 신인 우사를 모시는 어린 요괴-역주)'다.

독설로 유명했던 만담가 다테카와 단시가 '눈물이 났다.'라고 이야기했을 만큼 뛰어난 작품이다.

내 마음을 뒤흔드는 '대인관계'에 관한 11가지 이야기

'아메후리코조'의 줄거리는 대략 이렇다.

주인공은 산속 분교에 다니는 모타라는 이름의 소년이다.

어느 날 모타는 다리 밑에서 낡은 우산을 쓴 요괴 '아메후리코조'와 만난다.

모타가 신고 있던 부츠(그저 장화로 보이지만……)를 갖고 싶어 하던 '아메후리코조'에게 모타는 '세 가지 소원을 들어주면 부츠를 주겠다.'라는 '작은 약속'을 한다.

그 후 여러 가지 일이 일어나는데, 모타는 마지막으로 '학교에 난 불을 꺼 달라.'라는 소원을 빈다.

모타가 '소원을 들어주면 부츠를 줄게. 약속할 테니까 저 다리 밑에서 기다리고 있어.'라고 한 말을 믿고 아메후리코조는 필사적으로 불을 끈다.

그러나 화재가 난 분교가 폐교되면서 갑자기 다른 마을로 이사를 가게 된 모타는 '아메후리코조'와 한 약속을 까맣게 잊고 만다.

40년이 지난 후 아버지가 된 모타는 어느 날 딸의 부탁으로 부츠를 사러 갔다가 문득 '아메후리코조'와의 약속을 떠올리게 된다. 설마……. 아니야……. 그럴 리가 없어!

아메후리코조가 혹시 다리 밑에서 자신이 오기만을 줄곧 기다리고 있는 것은 아닐까?

새 부츠를 산 모타는 40년 만에 고향으로 향한다.

약속 장소였던 다리 밑에 도착하자…….

아메후리코조는 40년 전과 똑같은 모습으로 다리 밑에 서 있었다.
'불을 꺼주면 부츠를 줄게.'라고 했던 모타의 말을 믿으며.
줄곧 모타를 기다렸던 것이다.

너무하다 싶을 만큼 기특한 모습이었다!
다테카와 단시가 눈물을 흘린 것도 이러한 이유에서일 것이다.
'작은 약속'을 지키는 일이 얼마나 중요한 일인지…….
다테카와 단시에게는 분명 자신의 인생과 겹치는 부분이 있었을 것이다.

겐토샤 출판사의 사장이자 편집자인 겐조 도루 씨는 자신의 저서《우울하지 않다면 일이 아니다》에서 이런 일화를 소개했다.

겐조 사장이 어느 날 회사 화장실에서 청소부 아주머니에게 이런 말을 들었다.
"겐조 씨,《영원의 아이》상권 읽었어요. 하권도 꼭 살게요."

107
내 마음을 뒤흔드는 '대인관계'에 관한 11가지 이야기

그러자 겐조 사장은 이렇게 답했다.

"아주머니, 사지 않으셔도 괜찮습니다. 지금은 없지만, 3일 안에 보내드릴게요."

여기까지의 대화는 그저 예의상 하는 빈말일 수 있다. 이 말을 들은 아주머니도 설마 진심으로 받아들이지는 않았을 것이다.

그런데 놀랍게도 겐조 사장은 다음날 창고에서 상하권을 가져오게 한 후 저자의 사인까지 받아 그녀에게 선물했다.

그는 이렇게 말했다.

"작은 일에 끙끙 앓아라."

'끙끙 앓아라.'라는 말은 소홀히 하지 말고 끝까지 고집하라는 뜻이다. '작은 일조차 지키지 못하는 녀석이 큰일을 할 수 있을 리 없다.'라고 주의를 주는 말이다.

비즈니스 관련 도서를 보면 '작은 약속을 잘 지키는 사람은 신뢰를 얻어 일이 점차 늘어난다.'라는 말이 종종 등장한다. '작은 약속을 지키는' 행위는 비즈니스 사회에서 반드시 지켜져야 할 전제인 동시에 때로는 다른 사람을 감동시키는 힘을 발휘한다.

겐조 사장의 말을 들은 청소부 아주머니는 어쩌면 아메후리코조와 같은 기분으로 '하권이 도착할 날'을 기다리고 있었을지도 모른다.

보통은 빈말이라고 생각하겠지만, '어쩌면' 그렇지 않을 수도 있다.

그렇기에 '작은 약속'이라 하더라도 반드시 지켜야만 하는 것이다.

당신도 어딘가에 아메후리코조를 기다리게 하고 있지는 않은가?

36. 약속과 파이 껍질은 쉽게 깨진다.
－**조너선 스위프트**(영국의 풍자작가)

37. 바보인 것은 상관없다.
그러나 의리를 모르는 사람이 되어서는 안 된다.
－**구보타 만타로**(다이쇼 쇼와 시대의 하이쿠 시인 겸 소설가)

38. 약속을 하면 반드시 지켜라.
지키지 못할 약속은 하지 말라.
－**다나카 가쿠에이**(정치가, 전 총리)

눈보라를 만나
신문이 날아가 버린 날

．
．
．

한번 상상해 보라.

당신은 신문배급소의 소장이다.
배달원을 시켜 매일 아침, 각 가정에 신문을 배달한다.

눈보라가 몰아치던 어느 날 아침.
최근에 고용한 서른 살 남짓한 배달원이 울상이 되어 돌아
왔다.
이유를 물으니, 중간에 자전거가 넘어져 배달해야 할 신문
들이 바람에 다 날아갔다고 하질 않는가.

눈이 온 날은 당연히 넘어지지 않도록 조심해야 한다.

그리고 만약 넘어지는 일이 생기더라도 신문이 날아가지 않도록 미리 조치를 취해두어야 한다.

그런데 나이는 먹을 대로 먹은 이 신입 배달원이 신문을 절반 이상 분실하고 만 것이다.

물론 만일에 대비한 여분의 신문은 있다.

하지만 지금부터 다시 배달을 시작하더라도 고객들로부터 '왜 이렇게 신문이 늦게 오냐!'라는 항의를 받을지도 모른다.

이러한 상황에서 당신은 사과를 하고 있는 이 배달원에게 뭐라고 말을 할 것인가?

이 이야기는 실화다.

신문을 바람에 날려버린 배달원의 이름은 가와세 가즈유키라고 한다.

지금은 독립해서 상품개발자와 세일즈 크리에이터로 활동하며 '상품을 파는 방법'에 관련된 세미나를 개최하고 책을 출판하는 등 크게 활약하고 있는 사람이다.

가와세 씨는 원래 도쿄의 한 대기업에 근무하던 엘리트 사원이었으나 어떤 사건에 휘말리는 바람에 회사를 그만두게 되었다. 그 후 직접 사업에 뛰어들었지만 실패하고 말았고, 무일푼인 채로 고향인 홋카이도로 돌아오게 되었다.

그리고 그곳에서 생계를 위해 시작한 아르바이트가 바로 신문배달이었다.

그날은 아침부터 세찬 눈보라가 몰아쳤다.

홋카이도에 몰아치는 눈보라는 '북쪽 바람이 휘익' 하고 불어오는 그런 평범한 수준이 아니다. 상상을 초월할 만큼 무섭게 몰아친다.

거센 바람과 눈보라를 이기지 못하고 자전거가 쓰러져버리자 뒷자리에 쌓여 있던 신문들이 그만 바람에 날아가 버렸다.

신문은 허공으로 흩어졌다.

가와세 씨는 신문을 잡기 위해 필사적으로 쫓아갔다.

그러나 이미 절반 이상의 신문이 눈보라 속으로 자취를 감추고 말았다.

얼마 전까지만 하더라도 대기업에서 바쁘게 일하고 있었는데…….

지금은 눈보라 속에서 신문을 쫓아가고 있다니…….

땅바닥에 엎어져 울고 싶은 심정이었다.

그러나 가와세 씨는 이내 마음을 가다듬고 신문배급소로 돌아가 무슨 일이 있었는지 솔직히 털어놓으며 소장에게 사과했다.

그때 소장이 했던 말을 가와세 씨는 '결코 잊을 수 없다.'라고 했다.

풀이 죽어 있던 가와세 씨에게 소장은 이런 말을 건넸다고 한다.

"가와세 씨, 괜찮아요. 정말 괜찮다니까요. 그렇
게 당황하지 않아도 돼요. 정말 눈보라가 심하네
요. 안 그래요?"

눈보라로 꽁꽁 얼어붙은 마음을 마치 담요처럼 따뜻하게
감싸주는 듯한 말이었다.
소장은 그렇게 말한 후 한마디 불평도 하지 않은 채 가와세
씨와 함께 나가 신문을 배달해주었다고 한다.
과연 내가 소장이었다면 이런 말을 건넬 수 있었을까? 내
자신에게 묻고 싶어진다.

가와세 씨는 이렇게 말했다.

"그때 소장이 따뜻한 말을 건네며 함께 배달을
해준 일을 결코 잊을 수가 없다. 그래서 나도 고난
의 한복판에 서 있는 사람이 있으면 그 사람이 고
립되지 않도록 곁으로 다가가려고 노력한다."

그 후 가와세 씨는 존경했던 옛 직장 상사로부터 '자네의 재
능을 인사총무 업무에 발휘해보지 않겠는가?'라는 전화를 받
고 다시 비즈니스의 세계로 복귀했고 지금의 위치에 오를 수

있었다.

  어쩌면 이 신문배급소의 소장은 자신이 가와세 씨에게 그런 말을 했다는 사실조차 잊고 있을지 모른다.
  하지만 가장 힘들고 괴로웠을 때 따뜻한 말을 건네받은 가와세 씨는 평생 그 말을 잊지 못할 것이다.
  말 한마디가 신비로운 힘으로 바뀌어 다른 사람의 마음에 평생 남게 된 것이다.

  '사람은 다른 사람의 도움을 받으며 살아간다.'
  그 사실을 다시금 상기시켜주는 이야기다.

39. 인간은 누구나 마음에 크고 작은 상처가 있다.
그 상처를 치료해줄 수 있는 것은
오직 인간의 따뜻함뿐이다.

-가기야마 히데사부로(옐로우햇 창업자)

40. 도라에몽, 내 얘기를 들어줘. 곁에 있어줘.
비밀도구는 꺼내지 않아도 돼.

-무기쵸코《도라에몽 단가短歌》가운데

※비밀도구를 꺼내지 않더라도 곁에서 당신의 이야기를 들어주는 사람
은 마치 '진구에게 도라에몽이 그랬던 것처럼' 무엇과도 바꿀 수 없는 소
중한 존재다.

41. 가장 무서운 병은
한센병이나 암이나 결핵 같은 것이 아니다.
가장 무서운 병은 누구도 자신을
필요로 하지 않고 누구도 자신을 사랑하지 않으며,
모든 사람이 자신을 외면하고 있다고 느끼는 고독감이다.

ㅡ마더 테레사(유고슬라비아에서 태어나 인도에서 평생 봉사활동을 펼친 수녀)

※마더 테레사가 운영하던 병원에서 죽음을 맞게 된
한 환자는 숨을 거두기 전에 '감사합니다.
덕분에 인간답게 죽을 수 있습니다.'라는 말을 남겼다고 한다.

42. 당신을 위해 세계를 잃을 수는 없어.
하지만 세계를 위해 당신을 잃고 싶지도 않아.

ㅡ바이런(영국의 시인)

행복한 가난

·
·
·

어느 날 저녁식사 시간이었다.

"할머니, 요즘엔 왜 밥만 줘? 반찬이 하나도 없잖아."

내가 그렇게 말하자 할머니는 하하하 웃으면서 대답했다.

"내일은 밥도 없어."

나와 할머니는 마주보며 소리 내어 웃었다.

베스트셀러가 되어 영화로까지 만들어진 시마다 요시치 씨의 저서 《대단한 우리 할머니》의 서두에 나오는 내용이다.

딱한 상황인데도 이루 말할 수 없는 '행복함'이 느껴진다.

'돈으로는 살 수 없는 소중한 것'을 상징한 절묘한 도입부다.

《대단한 우리 할머니》는 일본의 유명한 코미디언인 시마다 요시치 씨가 갑자기 어려워진 집안 형편 때문에 초등학교 2학년 때 사가 현의 시골에 있는 할머니 댁(=낡고 허름한 초가집)에 맡겨지면서 일어나는 일을 그린 작품이다.

이 책에는 할머니 이외에도 따뜻한 마음씨를 가진 사람들이 많이 등장한다.

시마다 씨의 초등학교 시절 담임선생님들도 그렇다.

운동회 날 밥과 매실 장아찌, 생강이 든 도시락을 들고 학교에 간 시마다 씨는 친구들이 가족들과 함께 점심 도시락을 먹을 때 혼자 교실에 앉아 쓸쓸히 도시락 뚜껑을 열었다. 그런데 그때 담임선생님이 다가와 이렇게 말했다.

"아키히로(시마다 씨의 본명), 여기 있었니? 선생님이 아까부터 배가 좀 아프거든. 너 매실 장아찌랑 생강 싸왔지? 다행이야. 이럴 때는 그런 반찬이 좋아. 좀 바꿔줄래?"

선생님이 싸온 도시락에는 비엔나소시지와 달걀 프라이 등 평소에 구경하기 어려운 반찬들이 가득 들어 있었다. 시마다 씨는 허겁지겁 도시락을 먹었다.

일 년이 지난 후 다시 돌아온 운동회 날. 또 혼자서 교실에 앉아 도시락을 먹으려고 하는데 담임선생님이 들어와 말했다.

"아키히로, 올해도 여기서 혼자 밥 먹니? 선생님이 배가 아프거든. 너 매실 장아찌랑 생강 싸왔지? 도시락 좀 바꿔줄래?"

또다시 일 년이 지나 운동회 날이 되었다. 또다시 교실에 혼자 앉아 도시락을 꺼내자 새로 담임이 된 여선생님이 들어와 말했다.

"아키히로. 여기 있었니? 갑자기 선생님이 배가 아파서 그런데 도시락 좀 바꿔줄래?"

그랬다.

선생님들은 모두 배가 아픈 척을 하며 매년 시마다 씨에게 풍성한 반찬이 담긴 도시락을 선물해주었던 것이다.

초등학생이었던 시마다 씨는 '우리 학교 선생님들은 왜 운동회 날만 되면 배가 아픈 걸까?'라며 신기하게 생각했다고 한다.

그는 초등학교 6학년이 되어서야 비로소 진실을 알게 되었다. 그 일을 할머니에게 이야기했을 때였다.

"그건 선생님이 일부러 그러신 거야. 그게 진정한 친절이다."

진정한 친절이란 다른 사람이 눈치 채지 못하게 배려해 주는 것이다.

이를 실천에 옮긴 선생님들. 가난하더라도 타인을 배려하는 따뜻한 친절함만 있다면 부족할 것이 없다.

하기모토 긴이치가 진행하던 인기 프로그램 〈긴돈〉에 소개된 시청자 개그 중에 이런 내용이 있었다.

"엄마는 맨날 내 도시락에 매실 장아찌 한 개밖에 넣지 않더라."
"그래. 하지만 넣는 위치만은 그날그날 조금씩 바꾸고 있잖아."

가난한 생활도 조금만 노력하면 즐거워질 수 있다!

하기모토 씨는 시청자들로부터 받은 수많은 개그 엽서 중에서도 이 개그를 가장 좋아한다고 한다.

고도성장기를 겪기 전의 일본에서는 이웃끼리 서로 돕고 인정을 베풀며 '가난한 생활을 즐기려는 노력'이 사회 전체에 뿌리내리고 있었던 것 같다.

"간장이 떨어지면 옆집이 빌려주었다. 차가 떨어지면 앞집이 빌려주었다. 옆집이 서딜(뼈, 대가리,

껍질 등 생선살을 발라내고 남은 것-역주)을 사오면 우리 집에서는 무를 가져와 함께 조림을 해먹으며 서로 돕고 살았다. 누가 몸이 아프기라도 하면 이웃집 아주머니들이 우르르 몰려와 약을 사다주고 탕파를 가져다주었다. (중략) 그때는 인정이라는 것이 있었다."(《가난 자랑》(고콘테이 신쇼 저) 가운데)

'전 세계 부의 절반을 가진 남자'로까지 불렸던 미국의 대부호 하워드 휴즈는 만년에 극도로 심각한 대인기피증에 걸려 누구와도 만나지 않은 채 자신이 사들인 고급 호텔의 스위트룸에서 한 발짝도 나가지 않는 생활을 했다고 한다.

이처럼 스위트룸에서만 생활한 휴즈와 '내일은 밥도 없어.'라고 말하며 웃음을 터뜨린 할머니와 함께 어린 시절을 보낸 시마다 씨 가운데 과연 어느 쪽이 '행복'하다고 할 수 있을까.

찰리 채플린의 영화 〈라임라이트〉에서 주인공은 이런 대사를 던진다.

"인생에 필요한 것은 용기와 상상력 그리고 약간의 돈(원문은 a little dough)이다."

이 '약간의 돈'이라는 표현에서 중요한 것은 사실 '약간'이라는 부분이다.

　이 말의 의미를 다양하게 해석할 수 있지만, 나는 '뭐, 돈도 조금 있는 편이 좋겠지만…….'이라는 의미로 해석한다.

　지나치게 많은 돈은 행복을 깨뜨려버린다.

　돈으로 살 수 없는 '사람과 사람 사이의 관계'가 '인생의 보물'인 셈이다.

내 마음을 뒤흔드는 '대인관계'에 관한 11가지 이야기

43. 사람들은 하나같이 입을 모아 불경기라고
하는데 이건 아무것도 아니다.
옛날로 돌아간 것일 뿐,
달라진 것은 우리 인간들이다.
돈이 없으니까.
호텔에서 식사를 할 수 없으니까.
해외여행을 갈 수 없으니까.
명품을 살 수 없으니까…….
그런 것 때문에 불행하다고 생각하는 것 자체가
불행한 일이다.

─시마다 요시치(탤런트, 《대단한 우리 할머니》 가운데)

44. 가난은 '하는' 것이 아니다. '즐기는' 것이다.

　　—고콘테이 신쇼(만담가)

※'즐기는 것'이라니 참으로 근사한 표현이다. '취미가 있으세요?',
'네, 가난을 조금 즐깁니다.' 정말 좋지 않은가.

45. 가난한 사람이란,
돈을 적게 가진 사람이 아니라
더 많은 것을 탐내는 사람이다.

　　—세네카(고대 로마 시대의 철학자)

46. 돈은 탐낼수록 도망간다.

　　—미즈키 시게루(만화가)

빌 게이츠를 눌러버린 한마디

. . .

'침묵은 금(金), 웅변은 은(銀)'이라는 말이 있다.

'침묵'까지는 아니더라도 중요한 순간에 나지막이 속삭여주는 누군가의 말 한마디가 오히려 여러 마디의 말보다 가슴을 묵직하게 울리는 법이다.

그러고 보니 어떤 비즈니스 도서에서 '설명의 길이와 설득력은 반비례한다.'라는 구절을 읽은 기억이 있다.

예를 들어 누군가에게 설교를 할 때도 이야기가 너무 장황해지면 결국 상대방은 무슨 말을 들었는지 기억하지 못하게 된다.

흔히 있는 이야기다.

잠시 다른 이야기를 해보자.
영국에는 버진 아틀란틱이라는 항공사가 있다.
이 회사의 회장인 리처드 브랜슨이라는 인물에 대한 이야기다.

리처드 브랜슨.
그는 원래 레코드 회사로 성공을 거둔 인물이다.
그런 그가 항공사를 시작한 이유는 항상 이용하던 항공사의 비행기 좌석에 설치된 헤드폰 음질이 너무 좋지 않아 불만을 표시했는데도 전혀 개선되지 않았기 때문이라는 말이 있다.
'비행기로 이동할 때 좋은 음질로 음악을 듣고 싶은데……. 전혀 개선되질 않으니 차라리 내가 항공사를 차려버리고 말지.'라는 생각을 하다니 정말 대단한 성격이다.

그러나 그의 실제 모습을 아는 사람들은 그를 사실 부끄럼을 잘 타는 내성적인 성격의 소유자라고 말한다.
또한 말을 살짝 더듬어서 가끔은 '아이 앰'을 '아아아아이 앰'이라고 발음할 때도 있는 유쾌한 아저씨라고 말한다.

어느 날이었다.

리처드 브랜슨은 요미우리 홀에서 빌 게이츠와 대담을 했다.

사회자가 두 사람에게 '조직이란 무엇입니까?'라고 질문한 순간 전설적인 장면이 탄생했다.

질문을 받은 빌 게이츠는 조금도 망설이지 않고 '조직론'에 대해 논리정연하게 설명을 이어갔다.

리처드 브랜슨은 어땠을까.

가뜩이나 말을 살짝 더듬기까지 하는데 하필이면 빌 게이츠 같은 달변가 다음으로 답변을 해야만 하는 것이다.

이 위기의 순간을 어떻게 모면할 것인가!

빌 게이츠의 열변이 끝나고 마이크가 브랜슨에게 돌아왔다.

"조직이란 무엇입니까?"라고 사회자가 물었다.

잠시 침묵이 흘렀다.

리처드 브랜슨은 잠시 기다리더니 한마디 말을 내뱉었다.

"……사랑(love)."

그 순간 강연장에는 우레와 같은 박수갈채가 쏟아졌다.

리처드 브랜슨은 단 두 글자만으로(웃음) 천하의 빌 게이츠를 눌러버린 것이다.

대답이 간단명료했다는 점뿐만 아니라 '조직이란 무엇인가?'라는 질문에 '사랑'이라고 답한 것도 무척 인상적이었다.
'사랑'과 '신뢰'로 연결된 조직은 무엇보다 강하다.
일명 '나데시코 재팬'으로 불리는 일본여자축구대표팀을 봐도 그렇다.
그저 단순한 '친목도모 클럽'이 아니라 서로에게 엄격하게 대할 줄도 안다.
그렇기에 아무리 힘들고 괴로운 상황이 닥쳐도 저력을 발휘할 수 있는 것이다.

리처드 브랜슨은 그 점을 알고 있는 것이다!

때로는 '잘 알아듣도록 자세히 설명하는 것'도 중요하다.
하지만 단 한마디 말이라 할지라도, 아니 오히려 한마디 말이 사람의 마음을 사로잡을 때가 있다.
'참새가 천 번 우는 것보다 학이 한 번 우는 것이 낫다.'
'반도 에이지(야구 해설가 겸 유명 탤런트-역주)가 길게 이야기하는 것보다 다카쿠라 겐(영화 〈철도원〉의 주연배우-역주)이 한마디 하는 것이 낫다.'
이런 말도 있지 않은가.
참고로, 짧은 말이 긴 말보다 오히려 사람의 마음을 끌어당기는 효과를 가리켜 '원 프레이즈 효과'라고 부른다.

이 효과를 구사하는 것이 바로 카피라이터다.

고이즈미 전 총리도 말 한마디로 정국을 뒤흔들 만큼 '원 프레이즈'의 달인이었다.

여러분도 말을 너무 많이 하지 않도록 조심하기 바란다.

자신의 전문 분야에 대해 신나게 떠들 때는 특히 주의하자.

이야기를 듣는 사람들의 얼굴을 틈틈이 살피길 바란다.

하품을 하는 사람은 없는지, 귀를 후비고 있는 사람은 없는지 주의 깊게 관찰하자.

설명이나 설득 모두 '요점만 간단히' 말하는 것이 가장 좋다.

47. 어떠한 충고도 길게 말하지 말라.

– 호라티우스(고대 로마의 시인)

48. 단 한 장이라면 열심히 읽겠다.
그러나 한 장이 넘어간다면 비서에게
그대로 쓰레기통에 던져버리라고 할 것이다.

– 윈스턴 처칠(영국의 정치가)

※ 처칠이 자신에게 올리는 '보고서'에 단 조건이다.

49. 한 줄로 표현할 수 없는 영화는
히트하지 못한다.

– 자눅 부자(미국 20세기 폭스사의 경영자였던 대릴 자눅과 리처드 자눅)

18 '용서해 보는 일'의 효용

실수가 많은 요리점

．
．
．

《마음의 보충제 행복 수수께끼》라는 책에 나오는 수수께끼
다.

나는 당신을 용서한다.
내가 'ㅇㅇ'로워질 수 있도록.

ㅇㅇ에 들어갈 말은 무엇일까? 정답은 '잠시 후' 확인해 보
자.

미야자마 겐지가 쓴 동화 중에 《주문이 많은 요리점》이라는

명작이 있는데, 이번에 소개할 이야기는 '실수가 많은 요리점'
에 대한 이야기다.

　요리평론가 야마모토 마스히로 씨가 모임의 주최자가 되어
동료 일곱 명과 함께 도쿄에 있는 어느 레스토랑에 갔을 때의
일이다. 미슐랭 가이드로부터 별을 받은 곳으로 다들 한껏 기
대를 하고 갔지만, 사실 이곳은 말도 안 되는 실연 레스토랑
(1970년대 청춘스타 시미즈 겐타로의 대표곡 제목—역주)……이 아니
라 '실수 레스토랑'이었다. (썰렁했다면 죄송하다!)

　우선 여덟 명을 예약했는데도 '서비스하기 편하다.'라는 이
유만으로 4인용 테이블 두 곳에 나누어 앉으라는 말을 들었
다. 게다가 서비스를 하는 점원이 단 한 명밖에 없었다. 음식
을 내오는 데 시간이 오래 걸리다 보니 여덟 명이 동시에 식
사를 즐길 수가 없었다.
　게다가 메인 요리인 어린 양고기 구이까지 나왔을 때 결정
적인 사건이 일어났다.

　일곱 번째 사람에게까지 요리가 나왔을 때 직원이 젊은 요
리사를 테이블까지 데리고 나와 이렇게 말을 했다.
　"저희 요리사의 실수로 마지막 고기를 너무 오래 굽고 말았
습니다. 괜찮으시다면 고기를 새로 구웠으면 합니다."
　지금부터 고기를 새로 굽겠다는 예상치 못한 말이 나왔다.

일행은 잔뜩 긴장해 아무 말도 못하고 있는 젊은 요리사를 책망하는 것이 안쓰러워서 화가 나는 것을 꾹 참으며 '신경 쓰지 말고 다시 만들어 주세요.'라고 관대하게 대답했다.

그런데 실수는 여기서 끝나지 않았다.
같이 온 여성 중 한 명에게 갖다 준 양고기에는 요리에 사용한 금속 포크가 그대로 꽂혀 있는 것이 아닌가.
참는 데도 한계가 있었다. 모임에 참석한 여성 다섯 명이 드디어 입을 모아 불만을 쏟아내기 시작했다.

모처럼 마련한 자리가 엉망이 되려던 바로 그 순간.
분위기를 망치고 싶지 않았던 주최자 야마모토 마스히로 씨가 재치 있게 이런 제안을 했다.

"그 요리사에게 팁을 주는 게 어때?"

그리고 남성 세 명이 천 엔씩, 총 삼천 엔을 평소 들고 다니던 작은 봉투에 넣어 죄송해 하는 직원에게 건네주며 이렇게 말했다.

"이제 더 이상 뭐라고 하지 않겠습니다. 그보다 방금 전에 불려왔던 젊은 요리사가 마음에 걸립니다. 오늘의 경험을 살려 앞으로 더 열심히 하길 바라는 마음에서 드리는 것이니,

이걸 그 분에게 전해주십시오."

이렇게 하자 신기하게도 화가 났던 감정이 순식간에 어딘 가로 사라져버렸다.

레스토랑을 나올 때쯤에는 '그 요리사에게 오늘은 잊을 수 없는 날이 되었을 거야.'라고 이야기를 하며 다들 기분 좋게 헤어졌다.

충분히 화낼 만한 상황에서 오히려 반대로 '감사의 표시'인 팁을 건네다니.

어떻게 보면 아랫사람을 대하는 듯한 거만한 태도로 보일 수 있다. 하지만 '감사하는 마음'을 갖는 순간 '분노'의 감정은 눈 녹듯이 사라져버린다.

그렇다.
바로 이것이 앞서 소개한 수수께끼의 정답이다.

나는 당신을 용서한다.
내가 'ㅇㅇ'로워질 수 있도록.

ㅇㅇ에 들어갈 말……. 정답은 '자유'다.

'저 녀석만큼은 용서할 수 없다.'라며 수십 년 동안이나 '원 한'을 품는 사람이 종종 있다.

하지만 원망의 대상을 떠올릴 때마다 화를 내면 결국 손해를 보는 것은 자신이다.

상대방을 용서한다는 것은 스스로 '분노의 족쇄에서 벗어나 자유로워지는 것'이다.

유명 컨설턴트 후쿠시마 마사노부 씨는 "비판은 '감사'를 이기지 못한다."라는 말을 했다.

또한 "'감사'의 대단한 점은 결국 주위 사람을 모두 자신의 편으로 만든다는 것이다."라는 말도 남겼다.

사회자와 세미나 강사로 활동하여 큰 인기를 끌고 있는 화술 전문가 와타나베 미키 씨 또한 자신의 저서에서 이런 요지의 말을 했다.

"상대방의 잘못으로 피해를 입었는데도 불평은커녕 오히려 고마움을 표시하는 사람이 있다. 이런 사람은 곤란한 일이 생겼을 때 주위 사람들이 가장 먼저 달려와 도와준다."

상대방에게 잘못이 있다 하더라도 '화'를 내지 않고 '고마움'을 표시해 보자.

그러면 단순히 '분노'의 감정에서 해방되는 것이 아니라 '좋은 일'이 많이 생겨난다고 한다.

프랑스의 식문화에는 콩비비알리테(convivialite)라는 사상이 있다고 한다.

직역을 하면 '함께 즐기다'라는 뜻이다.

프랑스인들은 이처럼 '식사를 함께 즐기는' 행위를 '인생 최고의 행복'으로 여긴다.

식사 시간뿐만 아니라 다른 때에도 이런 근사한 생각을 해 보는 것이 어떨까.

'콩비비알리테 정신'으로 '다른 사람을 용서하며' 인생을 즐겨보자.

50. '화가 날 때'는 10까지 세어라.
'화가 너무 많이 날 때'는 100까지 세어라.

— 토머스 제퍼슨(미국의 제3대 대통령)

51. 분노는 무모함으로 시작해 후회로 끝난다.

— 피타고라스(고대 그리스의 수학자 · 철학자)

52. 간샤쿠(짜증)에서 '쿠'를 버려라.
그저 간샤(감사)하라.

−다카모리 겐테쓰(종교가)

기브 앤드 기브 앤드 기브

.
.
.

일본에 '주식회사'라는 개념을 도입하고 무려 약 500곳의 회사를 설립한 '일본 경제의 아버지' 시부사와 에이치.

현재 일본에 남아 있는 전통 대기업은 대부분 '그가 설립했다'라고 할 만큼 대실업가였다.

그런 그에게 그 유명한 이와사키 야타로가 이런 제의를 한 적이 있다고 한다.

"우리 둘이 힘을 합치면 일본 경제를 좌지우지할 수 있지 않겠는가."

이와사키 야타로는 잘 알다시피 미쓰비시 재벌의 창립자다. 시부사와 에이치 또한 누구에게도 뒤지지 않을 만한 대실업가다. 두 사람이 손을 잡는다면 분명 이 세상에 두려울 것이 없을 것이다. 자이언트 바바와 안토니오 이노키가 한 팀을 이루는 것과 마찬가지다(워낙 오래된 비유이기는 하지만, 예를 들면 그렇다는 뜻이다!).

하지만 시부사와 씨는 그 제안을 단칼에 거절했다.

바로 아래와 같은 이유에서다.

"이익은 독점하는 것이 아니라 널리 배분해야 하는 것이다."

비즈니스의 세계에서는 '기브 앤드 테이크'라는 말이 자주 쓰인다.

하지만 '비즈니스'가 아닌 '인생'을 기준으로 놓고 봤을 때, 쾌적하게 살아가려면 '기브 앤드 테이크'보다는 '기브 앤드 기브', 아니 한 발 더 나아가 '기브 앤드 기브 앤드 기브'를 실천해야 한다고 생각한다.

주고, 주고, 또 주는 것이다!

단언컨대 이러한 '기브 앤드 기브 앤드 기브'를 실천하면 온통 좋은 일만 생길 것이다.

참고로 '기브 앤드 테이크'는 비즈니스의 세계에서는 통할

141

내 마음을 뒤흔드는 '대인관계'에 관한 11가지 이야기

지 모르지만, 사적인 생활에서는 '불행의 근원'이 된다.

한 번 생각해 보라. 모처럼 누군가에게 도움이 되는 일을 하고도 내심 '보답'을 바란다면 이는 '순수한 호의'로 한 일이 아니기에 기분 좋게 베풀 수 없다. 또한 '덕'도 쌓이지 않는다.

게다가 '보답'을 받지 못한다면(사실 '보답'을 받지 못할 때가 훨씬 많다) '내가 이렇게 열심히 도와줬는데도 나에게 돌아오는 것이 아무것도 없다니!'라는 생각에 기분이 상해버린다.

그렇다면 '기브 앤드 기브 앤드 기브'는 어떨까?

어떠한 '대가'도 바라지 않기 때문에 정말 '순수한 호의'로 베풀 수 있다.

'덕'도 쌓을 수 있는데다 만약 상대방이 '보답'을 하지 않더라도 신경 쓰지 않는다.

게다가 다른 사람에게 호의를 베풀면 무엇보다 스스로 즐거워진다.

다른 사람에게 줄 선물을 고를 때에도 무척 즐겁지 않은가!

더군다나 선물을 받은 상대가 기뻐해주면 선물을 준 사람까지 행복해진다.

나쁜 점이 하나도 없다.

'기브 앤드 기브 앤드 기브'에는 온통 좋은 점만 있다.

베스트셀러가 된 《대부호 형님의 가르침》(마루오 다카토시 저)은 이러한 '기브 앤드 기브 앤드 기브' 정신을 실천하여 무일

푼에서 '발리 섬에 거주하는 세계적인 대부호'로 변신한 형님 (=저자)의 가르침을 소설 형식으로 풀어쓴 책이다.

이 책에는 일본에서 온 어느 회사원이 '후배에게 밥이나 술을 사줘도 고맙다는 말 한마디도 듣지 못한다.'라고 한탄하자, '형님'이 그 회사원에게 '신경 쓰지 말고 계속 밥을 사주라.'라고 타이르는 대목이 등장한다.

'형님'은 '성공하기 위한 비결'에 대해 다음과 같이 말했다.

"상대방을 소중히 여기는 마음은 후배뿐만 아니라 '신'의 마음에까지 전해진다고. '다른 사람을 위해 꾸준히 돈을 쓰는' 사람을 신이 그냥 지나칠 것 같아? (중략) 그렇게 착한 녀석이라면 신께서 틀림없이 풍족하게 해주실 거야. (중략) 저기 말이지, '다른 사람을 위해 꾸준히 돈을 쓰면' 말이야, 설령 도움을 준 사람에게서 보답을 받지 못한다 하더라도 다른 사람들로부터 더 많은 것을 받게 될 테니 걱정하지 말라고. (중략) 그러니까 고작 '후배가 고맙다는 말을 하지 않았다는 이유'만으로 그렇게 일일이 화를 낼 필요가 없어. (중략) '다른 사람을 위해 꾸준히 돈을 쓰면' 말이야, 한 3년이나 5년쯤 지나 반드시 자신에게 돌아오게 되어 있다고. 말하자면 '신에게 맡기는 저금'쯤으로 생각하라고."

'형님' 자신은 일본에서 가난하게 살던 시절부터 항상 많은 후배들에게 밥을 사주고 다녔다. 심할 때는 한 달 월급을 3일 만에 써버린 적도 있다고 한다.

발리 섬으로 건너간 후로 매일 밤마다 현지인들에게 식사를 대접하는 바람에 '엄청난 부자'라는 오해를 받아 돈을 빌려 달라고 찾아오는 사람들이 줄을 이었다고 한다.

찾아오는 사람들에게 선선히 돈을 빌려준 탓에 어느 틈엔가 자신은 무일푼 신세가 되기도 했다.

그런데 어느 날 거짓말처럼 행운이 찾아왔다.

돈을 빌렸던 마을 사람 중 한 명이 '빌린 돈을 갚지 못할 것 같으니 땅으로 대신 갚으면 안 되겠냐?'라고 부탁해 '일단 받아 두었던' 황폐한 땅이 무려 3억 엔짜리 땅으로 둔갑해버린 것이다. 그 후로 돈이 돈을 낳아 '형님'은 순식간에 대부호가 되었다.

'형님'은 아무런 대가를 바라지 않은 채 '끊임없이 베풀다 보면 언젠가 다시 돌아오게 되어 있다.'라는 '세상의 이치'를 깨달았다고 한다.

대부호가 된 지금도 학교, 병원, 축구경기장 등에 기부를 하고, 도로 포장과 발리 섬의 전통문화 보존 등에 자금을 지원하며, 52명의 어린이들의 양부모(=경제적 지원을 하는 부모)로 활동하는 등 '끊임없이 베푸는' 생활을 하고 있다.

참고로 '인생의 법칙'에 관한 책을 여러 권 출간한 심리학 박사 고(故) 고바야시 세이칸 씨도 '베풀면 반드시 돌아온다.' 라는 말을 남겼다. 또 고바야시 박사의 말에 따르면 베푼 것이 자신에게 돌아오기까지 걸리는 시간은 '대략 1년 정도'라고 한다.

사실 나 또한 '기브 앤드 기브 앤드 기브'의 대단함을 깨달은 후 자신이 할 수 있는 범위 내에서 최대한 실천하려고 노력 중이다.

실천을 한 뒤로 예전에 비해 눈에 띄게 운이 좋아진 기분이 든다. 그러고 보니 첫 번째 책(=《벽을 극복하지 못할 때 가르쳐주는 일류들의 대단한 사고방식》)을 출판하게 된 시기도 '기브 앤드 기브 앤드 기브'를 의식하기 시작한 지 일 년이 지났을 무렵이었다(믿기지 않겠지만 사실이다).

53. 이 세상에서 가장 순수한 기쁨은
다른 사람의 기쁨을 보는 것이다.

—미시마 유키오(소설가)

54. 좋은 일은 나누자. 모두에게 기쁨을 주니까.

—사이토 히토리(사업가)

55. 인간은 말일세, 가장 많은 이들을
기쁘게 한 자가 가장 큰 번영을 누리는 법이라네.

—야마오카 소하치(《도쿠가와 이에야스》에 나오는 이에야스의 말)

인생은 비스킷 통이다

· · ·

'인생은 비스킷 통이다.'

우에사카 도루 씨의 저서 《성공한 사람 3천 명의 말》에 소개된 말이다.

여러분은 이 말이 무슨 뜻인지 금방 알겠는가?

설명을 해보겠다.

커다란 통을 상상해 보자.

그 안에는 다양한 종류의 비스킷이 들어 있다.

설탕을 뿌린 것, 크림이 들어간 것, 딱딱하고 맛이 없는 것

등 여러 종류의 비스킷이 있다.

이 말은 '당신의 인생은 이 통 안에서 한 개씩 비스킷을 꺼내어 먹고 있는 것과 같다. 마지막 한 개를 모두 먹고 나면 당신의 인생은 끝이 난다.'라는 의미다.

여기에는 중요한 점이 한 가지 있다.

바로 어떤 비스킷을 먼저 먹을지 당신이 스스로 고를 수 있다는 점이다.

맛있는 비스킷을 먼저 먹어도 되고, 나중의 즐거움을 위해 남겨둬도 된다.

예를 들어 어린 시절 갖은 고생을 다하다 훗날 성공한 마쓰시타 고노스케 같은 사람은 맛없는 비스킷을 먼저 전부 먹어버린 다음 나중을 위해 맛있는 비스킷을 남겨 둔 인생을 살았다고 볼 수 있다.

중요한 점이 한 가지 더 있다.

그것은 '신은 누구에게나 공평하게 똑같은 비스킷 통을 주었다.'라는 점이다.

어느 통에나 맛있는 비스킷과 맛없는 비스킷이 모두 들어있다.

지금까지 설명을 들은 사람 중에는 이런 의문을 품는 사람이 있을지도 모른다.

'늘 행복한 듯이 웃고 다니는 저 사람은 아무리 봐도 맛없는 비스킷을 먹고 있는 것 같지 않은데. 그럼 저 사람은 뭐지?'

그 질문에 대한 답을 알려주겠다!

항상 웃고 다니는 사람은 '맛있다'라는 기준이 무척 낮은 사람이다.
보통 사람이라면 '이게 무슨 맛이야!'라며 뱉어버릴 것 같은 비스킷조차 그런 사람은 '계속 씹다 보면 맛있어.'라고 말하며 감사히 먹는 것이다.

'전설적인 호텔'을 세우기 위해 노력하고 있는 기업가 쓰루오카 히데코 씨는 강연회에서 이런 말을 했다.

"무슨 일이든 기쁘고 즐겁게 하는 '천국 체질인 사람'은 '행복의 끓는점'이 낮다."

'끓는점'이란 즉 '기준의 높이'를 말한다.
'행복을 느끼는 기준이 무척 낮은 사람'이 바로 '천국 체질인 사람'인 셈이다.

이런 말을 한 쓰루오카 씨는 자타가 공인하는 '궁극의 천국 체질'이다.

창업할 당시 자금 문제로 큰 어려움을 겪었음에도 '전 고생한 기억이 없는데요.'라고 천연덕스럽게 대답했다.

한편 실업가 사이토 히토리 씨는 '과거는 바꿀 수 있다.'라는 말을 했다.

보통 '과거에 있었던 사실이나 타인은 바꿀 수 없다.'라고들 하는데, 사이토 씨는 반대로 바꿀 수 있다고 말한 것이다.

'떠올렸을 때 불쾌한 기분이 드는 과거는 〈오셀로〉에서 검은색 말을 흰색으로 바꾸듯이 바꾸면 된다.'라는 것이 사이토 씨의 생각이다.

사이토 씨는 이러한 예를 들어 보였다.

어느 날 그는 과거에 사람들 앞에서 창피스런 실수를 저지른 여성이 '그때 일을 떠올리면 지금도 얼굴이 화끈거릴 정도로 창피하다.'라고 말하는 것을 들었다.

그는 그녀에게 이렇게 말했다.

"그런 말은 그만두게. 차라리 배가 아플 정도로 웃음이 나온다고 말해보는 게 어떤가."

그 후 과거에 있었던 경험은 그녀에게 떠올리기만 해도 웃음이 나올 만큼 즐거운 추억으로 변했다고 한다.

그럴싸한 말이다.

'과거에 있었던 사실'은 변하지 않겠지만, '과거에 있었던 사실에 대한 자신의 생각'은 마음대로 바꿀 수 있다.

맛이 없었던 비스킷도 '그때 먹었던 비스킷은 정말 뭐라고 형용할 수 없는 맛이었어.'라며 그저 웃고 넘기면 되는 것이다.

마지막으로 쓰루오카 씨가 했던 이야기를 소개한다.

'천국 체질'인 사람은 '오늘 길을 걷고 있는데 주위에 예쁜 꽃도 피어 있고 하늘도 정말 맑았지 뭐야.'라는 식으로 좋은 일만 이야기한다.

반면 '지옥 체질'인 사람은 '오늘 길을 걷고 있는데 가뜩이나 길이 질퍽거려서 걷기도 힘든데다 먹구름까지 몰려오지 뭐야. 내일 비가 오려고 그러나.'라는 식으로 안 좋은 일들만 이야기한다.

재미있는 사실은 두 사람이 똑같은 길을 걷고 있었다는 점이다.

같은 길을 걸었는데도 두 사람이 보는 풍경은 전혀 달랐다.
같은 길을 걸었는데.
완전히 똑같은 길이었는데도 말이다.

'인생은 비스킷 통이다.'

기왕이면 '맛의 기준'을 조금 낮추고 비스킷을 하나씩 천천히 음미하는 것이 자신에게 이득이지 않을까.

56. 인생은 초콜릿 상자 같은 거란다.
상자를 열기 전에는 뭘 집을지 알 수 없어.

(로버트 저메키스 감독, 톰 행크스 주연의 영화 〈포레스트 검프〉 가운데 주인공인 포레스트 검프의 어머니가 한 대사.)

※이번에는 비스킷이 아닌 초콜릿이다. 하지만 어느 쪽이든 인생은 '신이 준 과자상자'인 셈이다. 상자에 들어 있는 과자를 한 개씩 소중히 맛보도록 하자!

소피의 선택

.
.
.

　어렸을 때 텔레비전 애니메이션인 〈우주전함 야마토〉(한국에는 '우주전함 V호'로 소개됨-역주)를 무척 열심히 봤다.

　자세한 내용은 생략하고 간단히 줄거리만 소개하자면 다음과 같다. 우주에 가미라스성이라는 별이 있었는데, 멸망이 가까워지자 별의 지배자가 인류를 멸망시키고 지구로 이주하려는 계획을 세운다. 그러나 우주전함 야마토의 활약으로 오히려 그들이 멸망을 당한다.

　나는 세밀한 그림과 장대한 스토리에 매료되어 처음부터

끝까지 한 회도 빠뜨리지 않고 열심히 시청했다. 그런데 마지막 회가 가까워질 무렵, 주인공 고다이 스스무가 폐허가 된 별을 바라보며 이렇게 말하는 장면이 나왔다.

"지구인들도 가미라스인도 단지 행복하게 살고 싶었을 뿐이야. 그런데도 우리는…… 싸우고 말았어. 우리의 할 일은 싸움이 아니었어! 서로 사랑하는 것이었지. 승리? 그딴 건 필요 없어!"

나의 가치관이 완전히 뒤집히는 순간이었다.

아직 어렸던 나에게는 '주인공들은 무조건 정의로운 영웅'이며, 상대방은 '나쁜 우주인'이라는 고정관념이 존재했다.

그것을 고다이 스스무의 대사가 단숨에 뒤집어버렸다.

'서로 사랑하는 것이었다.'라니…….

미야자키 하야오 감독의 인기 애니메이션인 〈센과 치히로의 행방불명〉을 봤을 때도 비슷한 생각이 들었다.

이 영화를 볼 때도 이야기가 한창 진행되는 동안 나는 '아, 결국 마지막에 치히로가 유바바의 쌍둥이 언니인 제니바와 대결을 펼쳐서 이 나쁜 마녀를 쓰러뜨리고 인간 세계로 돌아가겠구나…….'라고 상상했다. 제니바(한자를 그대로 읽으면 '돈 할머니'라는 뜻이 된다-역주)라는 이름에서부터 악당 분위기가 풍기지 않는가!

용으로 변한 하쿠의 등에 올라탄 채 검을 들고 제니바와 싸우는 치히로의 모습까지 상상했다.

이야기의 후반부가 되자 치히로는 제니바가 사는 곳으로 향했다. 후후, 역시 내 예상대로 전개되는 듯했다.

그런데 뜻밖의 일이 벌어졌다.

제니바는 무척 좋은 사람……이 아니라 좋은 마녀였던 것이다. 게다가 치히로에게 차까지 대접했다.

예상치 못한 전개에 나는 어릴 적 〈우주전함 야마토〉를 봤을 때와 마찬가지로 그동안의 가치관이 완전히 뒤집히는 경험을 했다.

미야자키 하야오 감독의 또 다른 작품 〈하울의 움직이는 성〉에도 지금까지 기억에 남을 만큼 무척이나 뜻밖이었던 장면이 등장했다.

주인공 소피는 성격 나쁜 '황야의 마녀'의 저주에 걸려 할머니 모습으로 변하고 만다.

그리고 이야기가 진행되면서 황야의 마녀는 자신보다 힘이 센 왕실 마법사 설리만에게 마력을 빼앗겨 '힘없는 할머니'로 변해버린다. 그러자 소피는 그녀를 집으로 데리고 돌아와 돌봐주기 시작한다. 자신에게 저주를 건 마녀인데도 말이다.

이야기의 후반부에서 황야의 마녀는 조금씩 제정신을 차리기 시작한다. 그리고 결국 줄곧 갖고 싶어 하던 '하울의 심장'을 손에 넣는다.

내가 뜻밖이라고 생각하면서도 감동할 수밖에 없었던 것은 바로 그때 소피가 취한 행동이었다.

소피는 황야의 마녀에게서 하울의 심장을 억지로 빼앗으려 하지 않았다.

그녀의 행동은 바로…….

황야의 마녀에게 '부탁이에요, 할머니.'라고 상냥하게 말을 건네는 일이었다.

게다가 소피의 부탁을 받은 황야의 마녀는 '이걸 그렇게 가지고 싶어? 할 수 없지. 그 대신 소중히 다뤄야 한다.'라고 말하며, 자신이 그렇게나 갖고 싶어 했던 '하울의 심장'을 선뜻 돌려준다.

심장을 돌려받은 소피는 '할머니, 고맙습니다.'라고 말하며 황야의 마녀의 볼에 감사의 입맞춤을 한다.

'하울의 움직이는 성'은 명백한 반전 영화다.

하울과 소피가 하늘을 날아가는 군함을 우연히 발견한 순간, '적이야, 아군이야?'라고 묻는 소피에게 하울이 이렇게 대답한다.

"어느 쪽이든 똑같아. ……살인자들이야."

이밖에도 곳곳에 전쟁을 비판하는 신랄한 표현이 등장한다.

영화 속에서 소피는 자신을 노파로 만든 원망스러운 상대에게 인정을 베풀었을 뿐만 아니라 중요한 물건을 돌려받아야 할 때에도 싸우지 않고 '상냥한 말'로 부탁하는 방법을 택한다. 미야자키 하야오 감독은 그런 소피의 행동을 통해 어떠한 일이 있어도 '결코 싸워서는 안 된다.'라는 메시지를 강력히 전달하고 있는 것이다.

'싸우지 않고 서로 사랑하면 모든 문제가 해결된다.'

〈우주전함 야마토〉에서 고다이 스스무가 전쟁을 통해 배운 교훈과도 일맥상통한다.

영토나 자원, 무역권 등 인간은 이제껏 그런 '하찮은 것들'을 얻기 위해 전쟁을 반복했다.
또한 상대방이 자신과 다른 생각(=종교)을 갖고 있다는 사실만으로 서로를 증오하기도 했다.
이 모든 것은 쓸데없는 짓이다.

전쟁 같은 엄청난 일뿐만 아니라 우리 주변의 인간관계 또한 마찬가지다.

'다른 사람은 당연히 나와 다르다.'라는 사실을 인정하는 순간 다툼은 사라진다.

원망하던 상대가 힘을 잃었을 때 손을 내밀어 보자.

평생지기가 될 수 있을지도 모른다.

싫어하는 상대가 당신이 원하는 것을 가지고 있다면 그 상대를 좋아하려고 노력해 보자. 그리고 자신의 소중한 것을 먼저 선물해 보자.

그러면 상대방도 당신을 좋아하게 되어 "이거, 너에게 줄게"라는 말과 함께 당신이 갖고 싶어 하는 것을 건넬지도 모른다.

'싸우지 않는 것'은 인간관계에서 발생하는 모든 문제의 해결책이다.

57. 어서 총리대신이랑 참모장을 불러주세요.
이 어리석은 전쟁을 이제 그만 끝내지요.

(영화 〈하울의 움직이는 성〉 가운데, 왕실 마법사 설리만의 대사)

※이 대사는 전 세계에 '전쟁 종결'을 호소하는
미야자키 하야오 감독의 메시지다.

58. 시어머니, 시누이에게 현명하게 처신해줘.
어려울 것 없어. 사랑하면 돼.

─ 사다 마사시(가수, 히트곡 〈관백선언(보수적인 남자 선언)〉의 가사 중에서)

59. 어느 쪽이든 자신이 옳다고 생각하고 있어.
전쟁이란 다 그런 거니까.

만화 《도라에몽 1》(후지코 F. 후지오) 중에서 도라에몽이 한 말

※어느 쪽도 옳지 않은 것이 전쟁이다. '말다툼'도 마찬가지다.

22 아무리 바빠도 잊어서는 안 되는 것

'아빠의 시급은 얼마예요?'

.
.
.

'망(忙)'자의 부수인 '심방변'은 '마음'을 뜻한다. 그렇기에 '바쁘다'라는 것은 '마음(心)이 달아난(亡) 상태'라고들 이야기한다.

일이 너무 바쁠 때면 확실히 신경이 곤두서게 된다.

가령 회사에서 일하던 중에 만화 《맛의 달인》의 주인공 야마오카 시로(한국에는 야마오카 지로로 잘못 알려져 있음-역주)처럼 늘 빈둥거리다 정시에 퇴근하는 직장 동료로부터 '늘 고생이 많네.'라는 말을 들었다고 해보자. 평소라면 '걱정해줘서 고맙다.'라는 생각이 들겠지만, 일이 바쁠 때는 '너처럼 잽싸게 퇴

161
내 마음을 뒤흔드는 '대인관계'에 관한 11가지 이야기

근하는 녀석한테 그런 소릴 듣고 싶지 않아! 조금이라도 도와 달란 말이다, 이 멍청아.'라는 생각이 절로 든다.

똑같은 말이라도 상황에 따라 전혀 다르게 들린다는 점이 무섭지 않은가.

만약 다른 사람에게서 위로의 말을 듣고 오히려 짜증이 치 밀어 오른다면 주의하자. 당신은 지금 너무 지쳐서 '다른 사람 의 마음이 보이지 않는 상태'에 빠져 있을지도 모른다.

이번에는 어느 여배우의 블로그에서 읽은 감동적인 이야 기를 소개하려고 한다. 일에 지친 미국인 아버지와 그의 어린 아들이 나눈 대화다.

아들: "아빠, 뭐 하나 물어봐도 돼요?"

아버지: "뭔데?"

아들: "아빠는 시급이 얼마 정도 돼요?"

아버지: "(갑자기 이 녀석이 무슨 소릴 하는 거야!) 왜 그런 걸 물어 보니?"

아들: "그냥 가르쳐주세요. 아빠는 시급이 얼마예요?"

아버지: "그렇게 알고 싶니? 글쎄, 아빠 시급은 한 100달러 정도 일걸."

아들: "네?!"

대답을 듣더니 아들은 고개를 푹 수그렸다.

아들: "(말하기 어려운 듯) 저기, 아빠. 50달러만 빌려주시면 안

돼요?"

아버지: "뭐라고? 사고 싶은 장난감이라도 있니? 아빠는 말이
야, 그런 시시한 장난감을 사기 위해 열심히 일하는 게 아니란다.
알겠어? 지금 당장 네 침대로 가서 반성하거라!"

그러자 아들은 조용히 자신의 방으로 들어가 문을 닫았다.

아들이 자리를 떠나자 홀로 남겨진 아버지는 아들의 질문
을 다시 떠올려보며 생각에 잠겼다.

돈을 빌려달라니 저 아이답지 않은걸…….

항상 일하느라 바쁘다 보니 평소에 아이를 보살필 시간이
거의 없었다.

아들에게 화를 내기만 했던 자신의 행동을 반성하며 아버
지는 아들의 방문을 열었다.

아버지: "아직 안 자니?"

아들: "네."

아버지: "아까는 심한 말을 해서 미안하구나. 자, 여기 50달러
다."

그 말을 들은 아들은 활짝 웃으며 침대에서 벌떡 일어났다.

아들: "고마워요, 아빠!"

그렇게 말한 후 아들은 베개 밑에서 지폐를 꺼내 세기 시작했
다.

그 모습을 본 아버지는 또다시 화가 난 목소리로 물었다.

아버지: "돈이 그렇게 많으면서 왜 50달러를 빌려달라고 했니?"

아들: "이걸로는 모자랐거든요."

아버지: "그게 무슨 소리니?"

아들: "하지만 이제 괜찮아요! 아빠, 여기 100달러 드릴게요. 아빠의 한 시간 시급이에요. 제가 이걸 드릴 테니까 내일은 집에 한 시간 일찍 돌아와 주세요. 내일은 아빠와 함께 저녁을 먹고 싶어요!"

아버지는 그 말에 큰 충격을 받았다.

그리고 아들을 있는 힘껏 끌어안았다.

이 이야기는 마지막에 다음과 같은 저자(?)의 메시지가 함께 쓰여 있다.

"온종일 일만 하고 있는 당신에게.

시간은 지금도 우리의 손가락 사이로 빠져나가고 있습니다.

당신은 사랑하는 사람과의 시간을 100달러에 살 수 있습니까?

당신이 만일 내일 죽는다고 하더라도 회사에는 당신을 대신할 사람이 있습니다.

하지만 가족과 친구들은 평생 '당신을 잃은 슬픔'

속에 살아가게 될 것입니다.

그렇게 생각한다면 가족과 함께 보내는 시간을 좀 더 소중하게 여길 수 있지 않을까요?

인생에는 일보다 훨씬 중요한 것이 있습니다."

정말 좋은 이야기다.

조사해 보니 이 이야기는 여러 가지 버전이 있었다. 그렇지만 이 이야기의 본질은 '바쁘다는 핑계로 가장 소중한 것을 잊고 있지는 않은가?'라는 강력한 물음이다.

참고로 나는 다음과 같은 내용을 삶의 신조로 삼고 있다.

'첫째는 건강, 둘째는 가족, 셋째와 넷째는 없고, 다섯째가 일이다.'

일은 '중요한 일' 중에서 다섯 번째에 해당한다.

게다가 건강과 가족(친구도 포함)과는 크게 차이 나는 5위다.

아, 혹시나 해서 말해두지만 일은 착실히 하고 있다.

단지 '건강'이나 '가족'에 비해 '소중함'의 수준이 차이가 난다는 뜻이다.

당신은 바쁘다는 핑계로 소중한 사람에게 소홀하지 않은가?

소중한 사람과 함께할 수 있는 시간은 한정되어 있다는 사실을 잊지 말기 바란다.

60. 세상이 아무리 변하더라도
우리의 삶이 가족에서 시작해
가족으로 끝난다는 사실에는 변함이 없다.

─앤서니 블런트(영국의 미술사가)

61. 즐거운 웃음은 집 안의 태양이다.

─윌리엄 새커리(영국의 소설가)

※웃음소리가 들리지 않는 가정은 '암흑' 그 자체다.

내 마음을 뒤흔드는
'삶의 방식'에 관한
11가지 이야기

사물의 '정체'

•
•
•

〔질문〕

만 엔권 지폐의 '정체'는 무엇일까?

〔정답〕

종잇조각.

물론 만 엔권 지폐를 많이 갖고 있으면 '원하는 물건을 원하는 만큼' 살 수 있는데다 '맛있는 음식을 배가 부를 때까지' 먹을 수도 있다.

하지만 그건 어디까지나 국가가 정한 법이 존재할 때의 이야기다.

국가가 파산해버리면 만 엔권은 '순식간에 휴지 조각으로 변해버리는 단순한 종잇조각'일 뿐이다.

예를 들어 에도시대에는 번(藩 : 에도시대에 봉건영주인 다이묘가 통치했던 영지-역주) 안에서만 통용되던 '번찰(藩札)'이라는 '화폐'가 있었다.

전국의 번 가운데 약 80%에서 발행되었다고 하는데, 이 또한 번에서 사용을 중단해버리면 그저 '단순한 종잇조각'일 뿐이었다.

2차 세계대전 당시 일본군에서 발행한 '화폐'도 있다. '군찰(軍札)' 또는 '군표(軍標)'라고 불린 이 화폐는 '전쟁이 끝나면 진짜 돈과 교환해준다.'라며 식민지 등에서 군인이나 종군위안부에게 월급으로 건네졌다.

그러나 일본은 전쟁에서 패했고, 일본군이 한 약속은 '없던 일'이 되었다.

결국 군찰은 단순한 '종잇조각'으로 변하고 말았다.

돈의 '정체'는 그저 '종잇조각'일 뿐이다.

물건과 교환할 수 있다는 '규칙'이 없어지면 아무짝에도 쓸모없는 '무용지물'이 된다.

일본의 장수 만화인 《맛의 달인》 중에 '사물의 본질'과 관련된 장면이 있다.

어느 요정에서 일어난 일이다. 주인공인 야마오카 시로와 인간국보(한국의 인간문화재에 해당–역주)인 도예가이자 평소에 시로를 손자처럼 아끼는 도야마 도진(만화책에 나온 한자 표기를 애니메이션에서는 도야마 도진, 드라마에서는 가라야마 도진으로 읽으며, 한국명은 당산 선생님이다–역주) 선생 그리고 니키 은행의 회장이 함께 식사를 하게 되었다.

그 자리에서 도야마 선생은 니키 은행의 회장에게 자신이 만든 찻잔을 선물한다. 인간국보로부터 귀한 선물을 받은 회장은 크게 기뻐한다.

그때 요리가 나오면서 사건이 벌어진다.

음식을 내오던 여직원이 실수로 떨어뜨린 그릇이 하필이면 도야마 선생이 만든 찻잔 위로 떨어진 것이다. 그릇과 부딪힌 찻잔은 한쪽 귀퉁이가 크게 깨지고 말았다.

화가 치솟은 회장은 고함을 질러댔다.

"도야마 도진 선생님은 인간국보이신 분이야! 선생님의 작품은 이 나라의 보물이라고! 이건 사과한다고 끝날 일이 아니야! 돈으로도 보상할 수 없는 물건이라고!"

여직원은 울면서 '자신의 목숨을 대신 바쳐서라도 보상하겠다.'라고 말한다.

그러자 여주인이 '직원의 잘못은 제 책임입니다. 제 목숨을 바꿔서라도 보상하겠습니다.'라며 직원을 감싼다.

그 모습을 보고 있던 시로는 학창시절 아버지인 도예가 가이바라 유잔이 아끼던 접시를 깨뜨려 크게 혼났던 일을 떠올린다.

내 마음을 뒤흔드는 '삶의 방식'에 관한 11가지 이야기

그는 조용히 자리에서 일어나 주방으로 들어간 후 메밀가루가 든 봉지를 갖고 나온다. 그러고는 가장자리가 깨진 찻잔에 메밀가루를 넣고 뜨거운 물을 부은 다음 젓가락으로 휘휘 저어 소바가키(메밀가루를 뜨거운 물에 반죽한 음식으로, 간장이나 장국 등에 찍어 먹는다—역주)를 만들어버린다.

어안이 벙벙해진 회장에게 시로는 이렇게 말한다.

"뭐가 인간국보고 예술작품입니까? 이까짓 것은 원래 할아버지가 진흙을 조물락거려서 만든 흙덩이에 지나지 않아요. 그런데 사람의 생명과 똑같이 취급하려 하다니요."

야마오카 시로의 말을 듣자마자 나는 엄청난 깨달음을 얻었다.

지금도 '명화가 20억 엔에 낙찰'이라는 뉴스 등을 접할 때마다 이 장면을 떠올리며 '속아서는 안 돼.'라는 생각을 하곤 한다.

사실 그렇다.

설령 기타오지 로산진(일본의 유명 도예가—역주)의 작품이라 할지라도 결국에는 편벽한 아저씨(로산진 씨에게는 죄송하지만)가 진흙을 주물러 구운 물건에 불과할 뿐이다.

피카소의 명화 또한 수염 난 대머리 아저씨(피카소 씨에게는

죄송하지만)가 기름기 많은 물감을 천에 마구 칠한 물건일 뿐이
다.

앞에서 언급한 '만 엔권 지폐'나 이런 '예술작품'뿐만이 아니
다.

우리가 소중히 모시는 위패의 정체는 '널빤지에 이름을 적
은 물건'일 뿐이며, 다이아몬드의 정체는 '탄소 덩어리를 잘
깎은 물건'일 뿐이다.

위패 앞에서 손을 모으거나 다이아몬드 반지를 귀중하게
여기는 것은 모두 '여기에 고인이 깃들어 있다.'라거나 '돈을
비싸게 주지 않으면 살 수 없다.'라는 사회적인 약속이 존재하
기 때문이다.

이러한 본질을 잊어버리면 '종잇조각'이나 '탄소 덩어리'를
위해 사람을 죽이거나 사기에 휘말리기도 한다.

물론 '예술작품은 무가치하다.'라고 말하는 것은 아니다.

아무리 근사한 예술작품이라도 이를 실수로 망가뜨렸다는
이유로 그 사람을 엄중히 처벌하는 행위는 어리석음의 극치
라는 것을 말하고 싶을 뿐이다.

가치 있는 것을 '가치가 있다'라고 인정하면서도 한편으로
는 '사물의 정체'에 대해 잊지 않으며 항상 그 '본질'을 꿰뚫는
눈을 가지길 바란다.

내 마음을 뒤흔드는 '삶의 방식'에 관한 11가지 이야기

62. 사람은 반드시 죽습니다. 그래서 생명은 소중한 것이죠…. 도자기도 마찬가지. 플라스틱이나 금속 그릇같이 깨지지 않는 그릇은 소중함을 느끼지 못하는 게 당연합니다.

－ 가리야 데쓰《맛의 달인》 21권 가운데)

63. 돈은 그저 물건을 사기 위한 '도구'일 뿐, '소중한 것'이 아니다.

－ 나루케 마코토
《이런 쓸데없는 노력을 그만두라!－'위선자'가 되지 말고, '위악자'가 되어라》 가운데)

※'돈'이 아니라 돈을 벌기 위해 우리가 하는 '노동'이 '소중한 것'이다. 이러한 사실을 깨닫지 못하면 '고작 돈 따위'의 지배를 받게 된다.

64. 사람은 사물의 본질을 깨닫는 순간 변화한다.

－ 기노시타 하루히로(주식회사 어빌리티 트레이닝 대표이사)

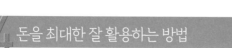
돈을 잘 쓰는 세 가지 방법

·
·
·

앞 이야기에서 '만 엔권 지폐의 정체는 그저 종잇조각일 뿐이다'라고 말했다.

그렇다면 이쯤에서 또 다른 질문을 해보자.

〔질문〕

만 엔권 지폐의 '정체'는 '종잇조각'이다. 그렇다면 만 엔권 지폐를 단순한 '종잇조각'으로 만들지 않는 방법은 무엇일까?

〔정답〕
사용한다.

세상에는 '부자가 되는 법'에 대한 책이 수도 없이 출판되고 있다.

이러한 책들의 공통된 내용 중 한 가지는 바로 '돈은 사용해야만 가치가 있다.'라는 점이다.

그렇다면 과연 이 돈을 어떻게 쓰는 것이 가장 현명한 방법일까?

비즈니스 컨설턴트인 야마자키 마사시 씨의 《딱한 사람들의 돈 쓰는 습관》이라는 책을 보면 '돈을 현명하게 쓰는 방법'이 일목요연하게 정리되어 있다. 이를 그대로 소개하면 다음과 같다.

돈을 쓰는 방법은 크게 세 가지다.

바로 '소비', '낭비', '투자'다.

소비란, 의식주 등 생활에 드는 최소한의 경비를 말한다.

낭비란, 취미나 여행 등에 돈을 쓰는 것을 말하지만, 설령 '의식주'에 사용하는 경우더라도 사치가 심해지는 순간 낭비, 알기 쉽게 말하자면 '쓸데없는 지출'이 되어버린다.

그리고 투자란, 수익을 기대할 수 있는 곳에 돈을 쓰는 것을 말한다. '수익을 기대할 수 있는 곳'이란, 주식투자나 자신의 장래를 위한 교육비 등을 말한다.

이러한 세 가지 방법 가운데 가장 현명한 선택은 물론 세 번째에 나온 '투자'다.

야마자키 씨 또한 당연히 '투자에 사용해야 한다.'라는 결론을 내리고 있다.

여기까지는 그저 평범한 생각이지만, 이제부터 야마자키 씨의 진면목이 드러난다.

예를 들어 당신이 '호화로운 여행'에 돈을 쓴다면 보통 '낭비'에 해당하겠지만, 만약 여행을 통해 누적된 피로를 풀고 그 다음주부터 '더욱 일에 집중할 수 있다.'라고 한다면 이는 '투자'로 생각해도 된다는 것이 야마자키 씨의 생각이다.

즉 돈을 쓰는 방법이 소비, 낭비, 투자 가운데 어디에 해당하는지를 결정하는 것은 '자기 자신'이라는 뜻이다.

또 야마자키 씨는 '돈을 사용하는 방법'이 '언젠가는 모두 끊임없는 투자가 될 수 있도록' 생각해야 한다고 말한다.

'책을 사는 일'은 '소비'에 해당한다. 그런데 구입한 책이 '읽어서 미래에 도움이 될 책'이라면 이는 자신을 위한 '투자'가 된다. 설사 도박을 할지라도 그 경험을 통해 '편하게 돈을 버는 방법은 없다.'라는 교훈을 얻으면 이 또한 '투자'로 볼 수 있는 것이다.

농업고등학교를 배경으로 한 만화 〈은수저(실버스푼)〉 중에 이런 대사가 나온다.

'바보는 쓸데없는 일에 돈을 쓰고, 똑똑한 놈은 자신의 성장을 위해 돈을 쓰지. 돈을 쓰는 방법을 보면 그 사람의 가치를 알 수 있어.'

농업고등학교에 입학한 주인공 하치켄 유고는 여름방학 동안 동급생인 미카게 아키의 집에서 아르바이트를 하게 되는데, 이때 미카게의 할머니가 증손녀 아키에게 한 말이다. 그 후 하치켄은 '가축의 생명의 존엄성'을 몸소 깨닫기 위해, 아르바이트로 번 돈을 자신이 돌보다 그만 정들어버린 학교 축사의 돼지(붙여준 이름도 하필이면 '돼지덮밥'이다!)의 '고기'를 구입하는 데 쓴다.

그리고 가공된 '고기'가 되어버린 '돼지덮밥'의 고기를 친구들과 함께 나눠먹는다.

의외로 가볍게 지나가 버린 장면이었지만, 사실 '축산'이 '생명을 다루는 존엄한 일이라는 사실'을 하치켄이 직접 느끼게 되는 중요한 장면이다.

다시 말하지만 '공부에 도움이 되는 책에만 돈을 써야 한다.'라는 뜻이 아니다.

최고급 레스토랑에 가서 맛있는 음식을 먹어도 된다.

도박을 하다가 빈털터리가 되어도 상관없다.

다만 돈을 사용할 때는 그 행위가 '자신에게 투자가 될지 아닐지'를 항상 염두에 두길 바란다.

'죽고 나면 돈을 쓰고 싶어도 쓸 수 없다.'라는 생각을 잊지 않는다면, 앞으로 돈을 쓰는 방법이 크게 달라질 것이다.

65. 자신이 '갖고 싶어 하는 물건'을
사서는 안 된다.
자신에게 '필요한 물건'을 사야 한다.

— 카토(로마 시대의 정치가)

66. 돈은 자신을 성장시키기 위해 써라.
그것이 가장 확실한 '투자'다.

— 워런 버핏(미국의 투자가)

※'투자의 신'이라 불리는 워런 버핏이 '추천 종목은 무엇인가?'라는 물음
에 대답한 말이다. '자신'이야말로 최고의 투자처다. '투자의 신'이 한 말
이니 틀림없다.

67. 흔히 '수입의 10%는 자신에게 투자하라.'라고
하는데, 10%는 너무 적다.
결코 이 정도에 머무를 생각이 없는 사람은
수입의 절반, 적어도 3분의 1을 자신에게 투자할
것이다.

— 고도 도키오(경영 컨설턴트)

내 마음을 뒤흔드는 '삶의 방식'에 관한 11가지 이야기

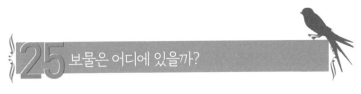

결점은 재산이다

⋮

미국에서 실제로 있었던 이야기다.

목장을 경영하던 어느 가족이 있었다.

경영 부진이 심각한 상태에 이르자 가족은 고민하던 끝에 생활 기반이었던 목장을 처분하기로 결정했다.

토지와 가축을 다른 사람에게 넘기고 다른 곳으로 이주했다.

그러나 그 후 무슨 일을 해도 실패를 거듭한 가족은 급기야 집단 자살을 하고 말았다.

그런데 말이다.

이처럼 불행한 가족에게서 목장을 사들인 사람은 어떻게 되었을까?

그 목장을 사들인 주인은 어느 날 목장 안에 흐르는 강을 바라보다가, 강바닥에서 반짝이는 무언가를 발견했다.

자세히 살펴보니 그것은 바로 사금이었다!

놀랍게도 이 목장 지하에는 엄청난 금맥이 숨어 있었던 것이다.

집단 자살을 해버린 옛 주인 가족은 자신들의 발밑에 엄청난 보물이 숨어 있다는 사실을 발견하지 못한 채 비극적인 결말을 맞이한 것이다. 참으로 얄궂은 이야기다.

다음에 할 이야기는 지금으로부터 약 150년 전인 1860년경에 있었던 이야기다.

미국 매사추세츠 주에 밀턴 브래들리라는 이름의 젊은이가 살았다.

그의 집안은 인쇄소를 운영했었는데, 그가 성인이 되기도 전에 그만 문을 닫고 말았다. 집 안에는 이제 버려질 날만 기다리는 낡은 인쇄기 한 대만이 남았다.

상당히 기발한 아이디어맨인 브래들리 씨는 이 낡은 인쇄기를 어딘가에 이용할 방법이 없을까를 궁리하기 시작했다.

그래서 생각한 것이 미국 국민에게 인기가 많은 링컨의 초상화를 인쇄하는 일이었다.

실제로 인쇄한 그림을 판매하자 엄청난 인기를 끌었다. 마치 아이돌의 브로마이드처럼 엄청난 기세로 팔려나갔다.

여기서 그만두었으면 좋았으련만, 신이 난 브래들리 씨는 은행에서 큰돈을 빌려 링컨 초상화를 더욱 많이 인쇄하기 시작했다.

그러나 대중의 반응이란 빨리 뜨거워졌다 빨리 식어버리는 법이다.

매출은 점차 떨어졌고, 어느 틈엔가 수중에 남은 건 빚더미와 산처럼 쌓인 반품 그리고 변함없이 서 있는 낡은 인쇄기 한 대뿐이었다.

'이제 파산할 일만 남았나?'

이렇게 결심할 무렵, 한 친구가 그에게 조언 한마디를 해주었다.

"보드게임을 인쇄해서 한번 팔아보는 건 어때?"

브래들리 씨는 이 말에 힌트를 얻어 한 가지 게임을 고안했다.

그러고는 곧장 낡은 인쇄기로 게임을 인쇄했다.

그가 세상에 내놓은 게임은 지금도 여전히 큰 인기를 끌고 있다.

그 게임의 이름은 바로……

'인생게임'이다.

그렇다.

당시 스물세 살이던 브래들리 씨가 고안한 게임은 미국뿐만 아니라 전 세계에서 큰 인기를 기록하게 될 바로 그 '인생게임'의 원형이었다.

참고로 '인생게임(The Game of Life이다-역주)'이라는 이름은 일본의 완구업체 다카라토미사의 등록상표(제919585호)다. 이 일본판 게임만 무려 천만 개 이상이 판매되었다고 한다.

집단 자살을 해버린 가족과 '인생게임'을 발명한 브래들리 씨의 차이는 무엇이라고 생각하는가?

바로 '자신이 가지고 있는 것'을 눈치 채고 있었느냐, 그렇지 않았느냐의 차이가 아닐까?

집단 자살을 한 가족은 '경영이 어려워졌다'라는 이유로 목장을 선뜻 다른 사람에게 팔아버렸다. 반면 브래들리 씨는 낡은 인쇄기를 자신의 유일한 재산으로 여기며, 어떻게든 활용할 방법을 찾으려고 노력했다.

어쩌다 보니 목장과 인쇄기를 예로 들게 되었지만, 개인의 '재능'이나 '장점' 또한 마찬가지다.

컨설턴트가 쓴 책 등에는 이러한 내용이 자주 등장한다.

'사람'이나 '기업' 모두 자신의 '장점'을 제대로 깨닫지 못하고 있을 때가 많다고 한다. 오히려 '장점'을 '단점'으로 착각하는 경우가 대다수라고 한다.

마쓰시타 고노스케는 '자신이 사업에 성공한 이유'가 '학력이 낮고, 몸이 약한데다, 집이 가난했기 때문'이라고 이야기했다.

'그런 건 모두 단점이잖아!'라며 딴죽을 걸고 싶어지는 말이다. 그러나 '학력이 낮아서 다른 사람의 의견에 귀를 기울이게 되었다.', '몸이 약해서 다른 사람에게 일을 맡길 수 있었다.', '집이 가난해서 열심히 일할 마음이 생겼고, 적은 급여에도 감사할 수 있었다.'라는 설명을 듣고 나면 저절로 고개가 끄덕여진다.

'나는 장점이라고 할 만한 것이 하나도 없어.'라며 한숨을 쉬고 있지는 않은가?

사실 당신에게는 '이미 장점이 존재'한다.

혹시 당신에게만 있는 '재능'을 '단점'으로 착각하고 있지는 않은가?

사람에게는 '단점'이란 것이 없다.

사람에게는 '장점'과 '얼핏 단점처럼 보이는 장점' 그리고 '조금 짧은 장점'만이 있을 뿐이다.

68. 신이 주신 레몬은 그 자체만으로는 시고 맛없다.
그러나 너는
그것으로 맛있는 레모네이드를 만들 수 있다.

영국 속담

69. 결점을 매력으로 승화시켜
다른 사람의 마음을 사로잡는 데 써라.

- 발타자르 그라시안(스페인의 사상가)

70. 결점을 고치는 것은 좋은 점을 잃는 것이기도 하다.

- 오치아이 히로미쓰(전 프로야구 선수 · 감독)

문제에 부딪혔을 때
나폴레온 힐이 선택한 방법

⋮

'루비치라면 어떻게 할까?'

이 말은 〈아파트 열쇠를 빌려드립니다〉와 〈뜨거운 것이 좋아〉 등과 같은 명작의 메가폰을 잡은 영화계의 거장 빌리 와일더 감독이 촬영장 벽에 붙여 놓은 말이다.

루비치란, 영화감독 에른스트 루비치를 말한다.
일본에는 그리 잘 알려져 있지 않지만, 빌리 와일더 감독의 스승이라 할 수 있는 인물이다.
와일더 감독은 각본을 쓰거나 할 때 좋은 아이디어가 떠오르지 않으면 '루비치라면 어떻게 할까?'라고 쓰여 있는 종이를 바라보며 '마음의 스승'에게 답을 구했다고 한다.

비즈니스 관련 도서를 보면 '멘토'나 '롤모델'이라는 말이 자주 등장한다.

'멘토'란 '마음의 스승으로 모시는 사람'을 뜻하며, '롤모델'은 '이런 사람이 되고 싶다고 모델로 삼는 인물'을 말한다.

두 단어 모두 '자신의 생각이나 행동의 모범으로 삼고 싶은 구체적인 인물'을 지칭한다.

어쨌든 마음의 보스……가 아니라 마음의 스승이므로 허락을 구할 필요 없이 마음에 드는 사람으로 정하면 된다. 다만 어떤 문제에 대해서든 '그 사람이라면 어떻게 생각할까?'라는 물음이 곧바로 떠오를 만한 인물이어야 한다는 점이 중요하다.

'그 사람이라면 어떻게 생각할까? 흐음……. 글쎄, 어떻게 하려나?'라는 식으로 고민하게 하는 인물은 판단기준이 될 수 없다.

진정한 멘토란, 좋은 생각이 떠오르지 않을 때 '만약 그 사람이라면 어떻게 했을까'를 상상했을 때 곧바로 답이 나올 만한' 사람이어야 한다. 그러려면 우선 그 사람을 진심으로 존경할 수 있어야만 한다.

물론 멘토를 반드시 직장 상사나 주위에 있는 인물 중에서 찾을 필요는 없다.

소프트뱅크사의 손 마사요시(손정의) 사장이 사카모토 료마를 멘토로 삼은 것처럼 역사 속에 등장하는 인물도 좋은 멘토가 될 수 있다.

잠시 다른 이야기이지만, 예전에 교토에 있는 료마의 묘지에 갔더니 수많은 꽃과 카드가 놓여 있었다. 그중에는 '료마 선생! 이제야 찾아뵙습니다!'라는 열성적인 메시지를 담은 카드도 있어 그를 멘토로 삼고 있는 이들이 얼마나 많은지 알 수 있었다.

참고로 나의 멘토 가운데 한 분인 천재 카피라이터 히스이 고타로 씨는 생각이 막힐 때마다 료마의 묘지에 가서 이렇게 빈다고 한다.

'부디 저에게 내려와 주십시오.'

여담은 이쯤에서 끝내겠다.

어쨌든 역사상의 인물을 멘토로 삼는 것도 좋은 방법이다. 이에 대해 성공철학의 원조라 할 수 있는 나폴레온 힐은 재미있는 제안을 했다.

나폴레온 힐은 전 세계에 살고 있는 소위 '성공한 사람들'에게 '성공의 비결'에 대해 묻는 인터뷰를 실시했고, 그 공통점을 바탕으로 명저 《놓치고 싶지 않은 나의 꿈 나의 인생》을 집필한 인물이다.

그런 그가 멘토에 대해 제안한 일이란 과연 무엇일까?

그것은 바로……

'자신이 존경하는 인물들에게 자신의 상담을 들
어주는 고문 역할을 맡기는 것'이다.

무슨 소리인지 선뜻 이해가 가지 않을 것이다.

간단히 말하자면 머릿속에서 자신이 멘토로 삼고 있는 사
람들을 한 자리에 모아 놓고 '눈에 보이지 않는 회의'를 여는
것이다.

참고로 나폴레온 힐이 '자신의 고문'으로 선정한 멘토는 에
디슨, 자동차 왕 포드, 링컨 그리고 진정한 나폴레옹(=나폴레온
힐이 아니라 프랑스 황제를 말한다) 등 특출한 인물들이다.

이러한 멘토들을 모아 놓고 자신이 고민하고 있는 일을 주
제로 머릿속에서 토론회를 열었다고 한다.

물론 이 방법은 나폴레온 힐에게 '에디슨이라면 이렇게 생
각하겠지.'라든가 '링컨이라면 이렇게 반론할 거야.'라는 명확
한 개념이 존재했기에 가능했다.

이처럼 머릿속으로 자신이 존경하는 멘토들의 토론회를 열
고, 그 과정에서 다양하고 기발한 아이디어를 도출하여 문제
를 다각도로 분석하는 일이 그에게는 가능했다는 이야기다.

참고로 나폴레온 힐은 이처럼 머릿속에서 벌어지는 '토론회'에 대해 '링컨은 항상 회의에 지각했다.'라고 밝혔다.

상상에 몰입하면 위인들이 제멋대로 움직인다고 한다.

이는 마치 만화가들이 '캐릭터가 제멋대로 움직인다.'라고 말하는 것과 비슷한 현상일 것이다.

자, 이제 당신은 과연 누구를 멘토로 삼겠는가?

어떤 멘토들을 선택해 '토론회'를 개최하겠는가?

71. 구체적인 롤모델을 설정하는 것이
자기 성장의 열쇠가 된다.
롤모델의 대상은 자신이 일하는 분야에서
두각을 나타내는 사람이다.
정말 존경할 만한 사람이 롤모델로 적합하다.
'저렇게 되고 싶다'는 생각에서 모든 것이 시작된다.

─ 가마타 히로키(교토대학 교수, 《Mr.샐러리맨 공부필살기》 가운데)

내 마음을 뒤흔드는 '삶의 방식'에 관한 11가지 이야기

꼴찌가 싸우는 법

․
․
․

'꼴찌에게는 꼴찌만의 싸움 방식이 있다.'

이것은 최하위를 맴돌 당시 한신 타이거즈를 이끌던 노무라 감독이 한 말……이 아니다.

《매일매일 슈퍼맘으로 변신하는 매일 엄마》 등의 만화로 이름을 날리고, 최근에는 독설 에세이집이 날개 돋친 듯이 팔리고 있는 만화가 사이바라 리에코 씨가 한 말이다.

이제는 내놓는 책마다 베스트셀러가 되고 있지만, 그녀가 살아온 삶의 과정은 불행의 밑바닥 그 자체였다.

친아버지는 알코올 중독자였다. 어머니는 그녀가 아직 뱃속에 있을 때 아버지의 폭력에서 벗어나기 위해 이혼하고, 친정이 있는 고치 현의 한 어촌으로 돌아왔다.

시간이 지나 어머니는 재혼을 했다. 새로 이사 간 마을은 공업단지로, '가난 때문에 동네 아줌마들의 얼굴에 항상 짜증이 서려 있던 마을'이었다고 한다.

그런 마을에서 자라난 아이들은 갈수록 나쁜 행동을 일삼았다. '물건을 훔치고 시너를 흡입했으니' 그야말로 불량청소년이 따로 없었다. 그런 불량한 아이들은 커서 '불행한 어른'이 되었다.

그녀는 그런 마을이 너무나도 싫었다.

게다가 어머니의 재혼상대이자 자신의 양아버지는 도박중독자였다.

택시회사를 경영하고 있어 남들 눈에는 그럴듯해 보였지만, 알고 보니 빚이 산더미처럼 가득했다.

그녀는 고등학교 3학년 때 친구와 술을 마시다 걸려 퇴학을 당했다. 게다가 그림을 잘 그렸던 그녀는 도쿄의 미술대학에 시험을 보려고 했으나, 입학시험을 보러 가려던 날 도박으로 전 재산을 날린 양아버지가 자살을 하고 말았다.

정말 말도 안 되는 인생을 산 것이다.

'그림을 그리는 사람이 되어서 도쿄에서 살겠다. 두 번 다시

내 마음을 뒤흔드는 '삶의 방식'에 관한 11가지 이야기

이곳으로 돌아오지 않을 거야.'

그녀는 그렇게 결심한 후 어머니가 힘들게 모은 백만 엔을 들고 도쿄로 올라갔다.

백만 엔은 그녀의 어머니에게 전 재산의 절반이 넘는 큰 금액이었다.

그녀는 더 이상 물러설 곳이 없었지만, 도쿄에 도착하는 순간 험난한 현실에 직면해야 했다.

미대 입시학원에 들어갔지만, 그녀가 과제로 제출한 그림은 학원에서 가장 낮은 평가를 받았다.

자신만만하게 제출한 그림이 하필이면 꼴찌가 된 것이다.

당시에 유행했던 '헤타우마(주로 예술계에서 사용되는 말로, 각 분야에서 요구되는 완성도를 충족시키지 못해 서툴러 보이지만 오히려 개성과 매력이 도드라지는 작품을 말한다-역주)' 스타일의 일러스트를 보고 '이 정도의 그림이라면 나도 프로가 될 수 있겠다.'라는 생각을 하며 도쿄로 상경했다가, 갑자기 '서툴러 보여도 잘 그린 그림'과 '단순히 못 그린 그림'의 차이를 깨닫게 된 것이다.

어머니에게 받은 백만 엔은 학원의 연간등록금과 집세 그리고 자취 생활에 필요한 물품을 사는 것만으로도 거의 바닥이 난 상태였다.

그런데 '프로가 되기는커녕' 고작 학원에서 상위권에 드는 것조차 꿈도 꿀 수 없다니…….

　그러나 그녀는 여기서 절망하지 않고 생각을 바꾸었다.

　바로 '꼴찌에게는 꼴찌만의 싸움 방식이 있다.'라고 생각한 것이다.

　궁지에 몰린 그녀가 고민 끝에 내린 결론이었다.

　'애초에 나는 학원에서 일등이 되기 위해 도쿄에 올라온 것이 아니잖아.'

　그렇다.

　학원에 들어와 자신의 실력을 깨닫고 프로의 길을 포기하는 수많은 학생들 속에서 그녀는 '그림을 그리며 도쿄에서 살아가겠다.'라는 자신의 본래 목표를 잊고 있었던 것이다.

　그 후 그녀는 자신의 일러스트를 들고 출판사를 찾아다니기 시작했다.

　"학원에서 일러스트를 공부하고 있습니다! 무엇이든 그릴 테니 맡겨주세요!"라고 부탁하며 '부딪히고 깨지자'라는 정신으로 영업에 뛰어들었다.

　마음만 먹으면 두려울 것이 없다.

　자존심이고 뭐고 다 던져버리고 '성인용 잡지'의 일러스트를 그리는 일까지 닥치는 대로 맡았다.

그렇게 일하는 동안 출판사 사람들이 그녀의 넉살스러운 성격을 점점 좋게 보기 시작했다.

그 결과 거침없는 독설과 개성적인 그림이 하나가 된 그녀만의 스타일이 확립되었고, 오늘날에 이르게 되었다.

만약 학원에서 '꼴찌'라는 평가를 받고 충격에 빠져 고치 현으로 도망치듯 내려갔다면 오늘날 인기 만화가 사이바라 리에코는 탄생할 수 없었을 것이다.

그녀가 성공한 요인은 '주위의 평가'에 휩쓸리지 않았다는 점과 '본래의 목표'를 잃지 않았다는 점, 그리고 그 목표를 향해 거침없이 나아갔다는 점이었다.

'꼴찌에게는 꼴찌만의 싸움 방식이 있다.'
듣기만 해도 절로 힘이 솟아나는 말이지 않은가?

72. 무슨 일을 시작했을 때
누구나 제일 먼저 부딪히게 되는 벽은
자신의 실력을 알아야만 한다는 것이다.

─사이바라 리에코(《천사 같은 돈 악마 같은 돈》 가운데)

73. 인생을 리허설이라 생각하고 살아가는
사람이 있다. 유감스럽지만 인생은 본 방송이다.

─조니 뎁(미국의 배우)

※'내가 마음만 먹으면'이라는 말은 그저 변명일 뿐이다.

성공하지 못하는 사람들의 공통점

∙
∙
∙

예를 들어 당신이 《부자 아빠 가난한 아빠》(로버트 기요사키 저)나 《스무 살에 만난 유태인 대부호의 가르침》(혼다 켄 저) 등 이른바 성공처세서라 불리는 책을 읽고 '그래, 이 책에 쓰여 있는 대로 실천해서 나도 부자가 돼보자!'라고 결심했다고 가정해 보자.

당신은 '책에 적힌 내용을 내일부터 실천해야지.'라고 마음 먹는다. 이튿날이 되었다. 틀림없이 당신은 이렇게 생각할 것이다. '오늘은 바쁘니까 내일부터 하자.' 그리고 그 다음날이 되었다. '오늘도 바쁘니까 내일부터 하자.' 그리고 그 다음날 도……

주위에서 흔히 볼 수 있는 광경이다. 테라피스트 이시이 히로유키 씨도 자신의 저서 《인생을 바꾸다! '마음의 브레이크'를 푸는 법》에서 이런 말을 했다.

'언젠가 해봐야지'라고 생각하는 사람의 '언젠가'는 오는 법이 없다.

성공처세서 중에는 사람들의 이러한 행동을 내다보고 '이 책을 읽고 있는 사람은 극히 일부에 불과하며, 이 책을 읽고 실제로 행동에 옮기는 사람은 그중에서도 극히 일부에 불과하다. 따라서 이 책에 쓰여 있는 대로 실천하면 성공을 독점할 수 있다.'라는 요지의 글까지 실은 책도 있다.

참고로 《성공처세서는 당치 않은 소리를 한다》의 저자 닛타 요시하루 씨는 시중에 나와 있는 성공처세서의 핵심을 모아 다음과 같은 여덟 가지의 성공 노하우로 정리했다.

그 내용을 한 번 들여다보자.

'성공처세서'가 말하는 '성공 노하우의 핵심'
1. 목표를 명확히 한다.
2. 기한을 정하고 계획을 세운다.
3. 좋아하는 일을 한다.

4. 긍정적인 사고를 한다.

5. 타인에게 감사한다. 타인에게 베푼다.

6. 자신에게 투자한다.

7. 좋은 사람과 사귄다. 인맥을 넓힌다.

8. 잠재의식을 활용한다.

제법 그럴듯하다. 많든 적든 간에 지금까지 읽은 '성공처세서'에는 대부분 이러한 여덟 가지 성공 노하우가 들어 있었던 것 같다. 다소 과장된 표현일지 모르겠지만, 이 여덟 가지 노하우를 실천할 수 있는 사람을 '성공할 수 있는 사람'이라고 말할 수 있지 않을까.

그렇다면 반대로 '성공하지 못하는 사람'의 공통점은 무엇일까?

'성공하지 못하는 사람의 공통점'을 단 한 마디로 정의한 사람이 있다.

그 사람의 이름은 코리 루들. 미국 인터넷 업계에서 천재 마케터로 불렸으나, 젊은 나이에 그만 교통사고로 세상을 떠난 인물이다.

그는 '대부분의 사람이 성공하지 못하는 이유는 공통된 중대한 요소가 한 가지 있기 때문이다. 사람의 능력에는 그다지 큰 차이가 없으므로 이 점만 극복할 수 있다면 거의 모든 사람이 성공할 수 있다.'라고 말했다.

그는 '성공하기 위해 극복해야 할 중대한 요소'를 '프로크래스티네이션(Procrastination)'이라는 한 단어로 표현했다. 여러분은 혹시 이 단어의 의미를 알고 있는가?

이 단어는 다음과 같은 뜻을 갖고 있다.

프로크래스티네이션(Procrastination)=질질 끄는 버릇

성공하지 못하는 사람의 공통점은 오직 이것뿐이라고 한다.

코리 루들의 말을 소개한 컨설턴트 미야구치 기미토시 씨는 이렇게 말했다.

"세미나에서 만난 모든 사람들에게는 성공할 가능성이 있습니다. 그것도 일반적인 수준의 성공이 아니라 인생에서 대성공을 거둘 만한 가능성이 있지요. (중략) 성공할 가능성이 있는데도 어째서 지금 성공하지 못하고 있는 것일까요? 그것은 바로 프로크래스티네이션 때문입니다."

또한 미야구치 씨는 계획한 일을 질질 끌지 않도록 하기 위해서는 '갑자기 큰 성공을 목표로 삼지 않는 것이 좋다.'라며 이를 등산에 비유해 설명했다.

간추려 말하자면 '목표를 에베레스트 정상에 가깝게 잡으면, 준비를 하려고 마음먹는 순간 이미 지쳐버린다. 차라리 다카오산(도쿄 도 하치오지 시에 있는 해발 599m의 산으로 험준하지

않아 일반인들이 자주 찾는다—역주)에 하이킹을 가는 정도로 목표를 잡고 일단 한 걸음 내디디는 편이 낫다.'라는 것이다.

또 미야구치 씨는 좀처럼 이 한 걸음을 내디디지 못하는 세미나 참가자들을 이런 말로 격려하고 있다고 한다.

'인생이란 무척 손쉬운 일이라고 생각하세요. 만약 실패를 하게 되면 그저 기분 탓이라고 생각하세요.'

어떻게 보면 조금 극단적인 말일 수 있지만, 실패를 두려워하기보다는 차라리 '일단 저질러봐라!'라는 뜻일 것이다.

여러분은 지상에서 우주까지의 거리가 얼마인지 아는가?

무척 멀게 느껴지겠지만, 사실 지상에서 고작 백 킬로미터만 올라가면 '우주'에 도착한다. 차로 두 시간만 달리면 도착할 만한 거리다.

우리가 우주에 쉽게 갈 수 없는 이유는 '멀기 때문'이 아니라 단지 '중력이라는 굴레'에서 벗어나기 어렵기 때문이다. 거추장스러운 '굴레'를 벗어던질 수만 있다면 인간은 '우주'조차 손쉽게 갈 수 있다.

우물쭈물하고 있을 시간이 없다.

가슴을 뛰게 하는 목표가 있다면 지금 당장 한 걸음부터 내디디어 보는 것이 어떨까?

74. '언젠가'라는 말로 생각하면 실패한다.
'지금'이라는 말로 행동하면 성공한다.

－벤저민 프랭클린(미국의 정치가)

75. 인생은 아무것도 이루지 않기에는 너무나도
길지만, 무엇인가를 이루기에는 너무나도 짧다.

－나카지마 아쓰시(《산월기(山月記)》 가운데)

76. 일일일생(一日一生).
하루는 소중한 일생이다.
이를 허비해서는 안 된다.

－우치무라 간조(그리스도교 사상가 · 문학자)

77 우선 스타트를 끊으면
'의욕'은 나중에 '미안, 미안.'이라고 하며
쫓아온다.
－나카타니 아키히로(《인생을 낭비하지 않는 50가지 작은 습관》 가운데)

78. 매일을 인생의 마지막 날처럼 살아가십시오.
－스티브 잡스(미국의 실업가, 스탠퍼드 대학교 졸업식 연설 가운데)

'그런 인생을 사십시오.'

·
·
·

'당신이 태어났을 때
당신은 울고 있었고, 주위 사람들은 웃고 있었을
것입니다.
그러므로 당신이 죽을 때에는
당신은 웃고 있고 주위 사람들은 울게 될 것입
니다.
그런 인생을 사십시오.'

이 말은 아메리카 원주민, 즉 과거에 '인디언'이라 불렸던
사람들에게 전해지는 말이다.

영국에서부터 '개척자라 칭하는 침략자'가 쳐들어오기 전, 아메리카 원주민들은 대자연 속에서 자연과 공존하며 살아왔다.

그 때문인지 어떤지, 인생을 달관한 명언들을 많이 남겨놓았다.

예전에 텔레비전에서 인기 아이돌 그룹 SMAP의 멤버인 기무라 다쿠야가 여전히 자연에서 생활하는 아메리카 원주민 남성(대략 50세 정도로 기억한다)과 며칠간 함께 생활하는 프로그램을 기획한 적이 있다.

처음 만났을 때 원주민 남성이 기무라 다쿠야에게 이렇게 물었다.

"너는 사내인가?"

머리가 긴 자신의 모습을 보고 그런 질문을 했다고 생각한 기무라 다쿠야는 잠시 의아한 표정을 지으며 가볍게 '사내입니다.'라고 대답했다.

그 대답을 듣고 원주민 남성은 이렇게 다시 물었다.

"정말 사내가 맞는가? 너 자신이 스스로 사내라고 단언할 수 있는가?"

그는 성별을 묻는 것이 아니라 "너는 '진정한 사나이'인가?"

라고 묻고 있는 것이었다.

질문에 숨겨진 뜻을 깨달은 기무라 다쿠야는 그 순간 말문이 막혀버렸다.

나는 이 장면을 보고 원주민 남성에게 홀딱 반하고 말았다.

곧바로 질문의 뜻을 이해하고 말문이 막혀버린 기무라 다쿠야의 모습도 멋있었지만, 질문을 한 원주민 남성은 훨씬 더 멋있어 보였다.

쉰 살이나 먹은 원주민 아저씨가 기무라 다쿠야보다도 멋있게 보였던 순간이다.

'아메리카 원주민'이라는 말을 들으면 나는 항상 이 장면을 떠올린다.

그래서 내가 생각하는 그들의 이미지는 '긍지가 높고 멋있다'라는 것이다.

앞서 소개한 말은 이런 아메리카 원주민들에게 전해지는 말이다.

'죽을 때에 당신은 웃고 있고 주위 사람들은 울게 될 것입니다.'

이건 어떤 의미에서 볼 때 참으로 이상적인 인생이다.

사랑하는 당신과의 헤어짐을 아쉬워하며 눈물을 흘리는 주위 사람들.

그리고 후회 없는 삶을 산 후 웃으며 죽어가는 당신⋯⋯.
바로 이 '후회를 남기지 않고'라는 점이 중요하다.

그러고 보니 텔레비전에서 '은퇴 시기'를 묻는 기자에게 이치로 선수가 이렇게 대답하는 것을 본 적이 있다.

"선수로서의 '죽음'을 웃으며 받아들이고 싶습니다."

이 말은 은퇴하는 그 날까지 '후회가 남지 않도록 내 모든 것을 불사르겠다.'라는 선언이다. 그때가 되면 이치로 선수는 만화 《내일의 조(도전자 허리케인)》의 마지막 장면에서 주인공 야부키 조가 보여준 평화로운 미소를 지을 것이 분명하다.

여러분은 마지막 순간에 웃으며 죽을 수 있는 인생을 보내고 있는가?

어떻게 해야 웃으면서 죽을 수 있을까?
어려운 질문이지만, 그 대답이 될 만한 것이 하나 있다.
과거에 미국에서 죽음이 가까워진 노인들을 대상으로 '당신의 인생을 돌아봤을 때 가장 후회되는 일은 무엇입니까?'라는 설문조사를 실시한 적이 있다.
결과가 어떻게 나왔을까?

내 마음을 뒤흔드는 '삶의 방식'에 관한 11가지 이야기

무려 90%의 노인이 표현은 조금씩 달랐지만 거의 같은 내용의 대답을 했다.

　대부분의 노인들이 '인생을 돌아봤을 때 가장 후회되는 일'로 꼽은 것.

　그것은 바로…….

　'좀 더 모험을 했다면 좋았을 것을…….'이라는 것이었다.

　여러분은 지금 모험을 하고 있는가?

79. 이제 인생을 두 번 다시
행복이냐 불행이냐 나누지 않을 겁니다.
뭐라고 할까요?
인생에는 그저 의미가 있을 뿐입니다.

－고다 요시이에(만화 《자학의 시》 가운데)

※'일본에서 가장 슬픈 4컷 만화'라 불리는 '자학의 시'의 주인공 유키에
가 돌아가신 어머니에게 쓴 편지의 한 구절이다. 이 작품은 4컷 만화 중
에서는 거의 대하드라마에 가깝다. 몇 번을 읽어도 눈물이 난다.

80. 인생이란
자신의 미래를 사랑하는 건지도 모르겠다.
진부한 표현이지만, 앞을 향해 나아가자.
가장 중요한 건 제대로 살아가는 일이다.

드라마 〈최후로부터 두 번째 사랑〉(오카다 요시카즈 각본) 가운데.
마지막 회에서 주인공(고이즈미 교코)의 독백.

그럼에도 불구하고 웃는다

.
.
.

내가 좋아하는 미국식 유머를 소개한다.

어느 남자가 아프리카를 여행하다가, 배에 창이 꽂혀 있는 남자를 보았다.
"아프지 않습니까?"라고 묻자 배에 창이 꽂혀 있는 남자가 이렇게 대답했다.
"웃으면 조금……. 후후. 아야, 아얏!"

이 유머는 닐 사이먼 각본의 영화 〈허울 좋은 여자(Only When I Laugh)〉의 모티브가 되었다고 한다. 배에 창이 꽂혔는데도 바보처럼 웃고 있는 장면이 재미있다.

공항에 관련된 사람들의 모습을 코믹하게 그린 야구치 시노부 감독·각본의 영화 〈해피 플라이트〉에도 좋아하는 장면이 있다.

주인공인 부기장 역을 맡은 다나베 세이치가 탑승한 비행기가 다양한 우연들이 겹쳐 긴급 착륙하게 된다. 날씨도 가뜩이나 최악인데다 도키토 사부로가 연기하는 기장은 팔을 다쳐 비행기를 조종할 수 없는 상태다. '상황이 상당히 안 좋은데……'라는 사실을 알게 된 순간 부기장의 교관 역할을 겸한 기장이 갑자기 큰 소리로 웃는다.

어이없어하는 부기장에게 기장은 태연한 얼굴로 이렇게 말한다.

"이럴 때는 일단 웃으라고 가르치고 있지."

이번에는 내가 무척 좋아하는 장면을 소개하려고 한다. 선천적으로 양팔과 양다리가 없는 장애를 갖고 태어난 오토타케 히로타다 씨가 쓴 베스트셀러 《오체 불만족》에 등장하는 장면이다.

오토타케 씨의 학창시절에 있었던 일이다. 어느 날 오토타케는 다카다노바바 역에서 친구와 만나기로 약속을 했다.

그런데 꽤 오래 기다렸는데도 친구가 좀처럼 오지를 않았다.

휠체어에 앉아 있는 그의 바로 옆에 역시 누군가를 기다리고 있는 듯한 아저씨가 보였다. 펀치파마에 선글라스를 낀 모습이 아무리 봐도 야쿠자처럼 보였다.

오토타케 씨는 조금 긴장한 채로 친구를 기다렸다. 그러자 이 야쿠자 아저씨가 돌연 말을 걸어왔다.(注: 괄호 안의 내용은 오토타케 씨의 속마음을 내가 보충해서 적어본 것이다.)

"이봐, 형씨."

"네? 네. 왜 그러세요?"(우아, 나한테 말을 걸어왔어.)

"형씨도 참 큰일이야."

"예?"(난 아저씨가 말을 건 게 더 큰일이야!)

"사고로 그런 거야?"

"선천적인 겁니다."(뭐야, 내 몸에 대해 물어본 거야? 어쩌면 좋은 사람일지도…….)

"흠, 그래?"

그 후로 오토타케 씨는 아저씨의 일(웃음)에 대한 이야기를 들었다. 잠시 후 그 아저씨는 '그럼 형씨. 미안하지만 난 그만 가봐야겠어.'라고 말하며 주머니에 손을 찔러 넣었다. '뭘 꺼내려는 걸까?' 걱정하며 식은땀을 흘리던 오토타케 씨에게 그 아저씨는 놀랍게도 자신의 명함을 건네주었다.

"곤란한 일이 생기면 언제든지 전화하라고."라며 야쿠자 아저씨는 멋있게 사라졌다.

인생의 버팀목이 되어주는 괜찮은 이야기

그날 집에 돌아온 오토타케 씨는 '야쿠자가 친절하게 대해 준 일'을 어머니에게 말했다.

그 이야기를 들은 오토타케 씨의 어머니가 한 말이 정말 감동적이다. 어머니는 웃으면서 이렇게 말했다.

"너도 참, 그건 당연한 거야. 그런 사람들은 맹세를 한답시고 고작 새끼손가락 한 개만 자르잖니. 그러니 팔 다리가 모두 없는 너에게 당연히 경의를 표하는 거란다."

정말 대단한 어머니다.

평범한 어머니였다면 '오토타케가 그런 몸으로 태어난 것은 모두 자신의 탓'이라며 자신을 책망할지도 모른다. 그런데 오토타케 씨의 어머니는 '팔 다리가 모두 없으니까.'라는 식의 농담을 스스럼없이 하는 것이다.

얼핏 무신경해 보일 수도 있다. 하지만 '그런 몸으로 낳아줘서 미안해.'라는 말을 계속 듣는 것보다는 훨씬 낫다.

오토타케 씨는 "내가 '행복행 열차'를 탈 수 있었던 것은 장애를 갖고 태어난 자신을 처음 본 순간 엄마가 '귀여워.'라고 말해주었기 때문"이라며 자신의 어머니에게 감사한다.

게다가 어릴 적부터 '나를 왜 이런 몸으로 낳아준 걸까?'라는 식으로 부모님을 원망해 본 적이 단 한 번도 없었으며, 오히려 행복하고 감사한 마음만 가득했다고 했다.

애초에 책 제목을 《오체 불만족》이라고 지은 이유도 '이렇게 인생을 즐겁게 살고 있는 장애인이 있다는 사실을 알리고 싶었고, 장애인은 불쌍한 사람이라는 고정관념을 부수고 싶었기 때문'이었다고 한다. 그가 휠체어를 타고 환하게 웃으며 앞을 바라보던 책 표지가 무척이나 인상적이었다.

독일어에는 '~임에도 불구하고 웃는다'라는 표현이 있다고 한다.

이 말은 독일에 전해지는 '진정한 유머 정신'을 뜻하는 속담이라고 하는데, 자신에게 어떤 고민이나 괴로움이 있다 하더라도 주변 사람들을 위해 그리고 스스로 희망을 떠올리기 위해 '웃는다'라는 뜻이라고 한다. 그리고 주위 사람을 '웃게 한다'는 의미도 포함되어 있다고 한다.

그 말이 맞다. '어떠한 때'에도 '웃어' 버리면 비장함이 꼬리를 말고 도망가 버린다.

비행기가 추락할지도 모르는 상황임에도 불구하고 웃는다.
병 때문에 팔다리가 없이 태어났음에도 불구하고 웃는다.
배에 창이 꽂혀 있음에도 불구하고 웃는다(웃음).

일을 하다 큰 위기가 닥쳤을 때에도 이 말을 떠올리며 웃어보기 바란다.

'어? 지금 상황이 이런데도 내가 웃고 있다니……. 정말 대단한데!'라는 생각이 들어 마음이 한결 여유로워질 것이다.

참고로 1분 동안 크게 웃으면 조깅을 10분간 하는 것만큼 유산소 운동이 된다고 한다.

'웃음'은 몸과 마음을 건강하게 하는 근원인 셈이다.

81. 실패는 그저 웃어넘겨 버리는 것이라 생각한다.
뭐, 가끔씩 실패를 겪어서 그렇기도 하지만.

─사이토 시게타《좋은 말은 좋은 인생을 만든다》 가운데

82. 약을 열 알 먹는 것보다도,
진심으로 웃는 편이 훨씬 효과가 있을 것이다.

─안네 프랑크

83. 웃으면서 살아도 한평생. 울면서 살아도 한평생.
독일의 속담

84. 우리가 과거로부터 물려받아야 할 것은 비장함이며,
미래에 지향해야 할 것은 유머다.
─호시 신이치(SF 작가《변덕스러운 박물지 · 속편》 가운데)

당신은 이미 가지고 있다

.
.
.

'3분 만에 행복해지는 방법'이라는 것이 있다.

괜찮다면 한 번 해보기 바란다.
방법은 다음과 같다.

"지금 '만약 잃어버리게 된다면 매우 슬퍼질 것'을 세 가지
이상 적고 3분 동안만 그것을 잃어버린 상태를 상상해 보라."
한 번 시작해 보라.

......

…….

…….

자, 수고했다.

어떠한가?
악몽에서 눈을 뜬 순간 '아, 꿈이라서 다행이다…….'라고 생각할 때가 있다.
마치 그럴 때와 비슷한 기분이 들지 않나?

그렇다.
'잃어버리게 된다면 무척 슬퍼질 것'을 당신은 아직 전부 갖고 있다.
이보다 더 큰 행복이 또 어디 있겠는가.

예전에 텔레비전에서 시마다 신스케 씨가 이런 말을 한 적이 있다.

"이 나이가 되자 젊음이 부러워졌다. 만약 신이 '젊음과 꿈을 팔겠다.'라고 말한다면, 나는 10억 엔을 주고서라도 사겠다. 돈이 없어도 괜찮다. 그래서 젊은 개그맨들에게 이런 말을 자주 한다. 너희들은 내가 10억 엔을 주고도 살 수 없는 것을 이미 갖고 있다고. 그러니 그것을 활용하라고 말이다."

정말 맞는 말이다. 나 역시 '10년'을 100만 엔에 판다면 두 개 정도 살 텐데……

또 카피라이터 겸 한자(漢字) 테라피스트로 활동하는 히스이 고타로 씨는 강연회에서 이렇게 말했다.
"500억 엔.
누구나 갖고 싶을 겁니다. 500억 엔이라면 말이지요.
하지만 만약 이렇게 말한다면 당신은 그래도 500억 엔이 갖고 싶을까요?

'당신의 눈과 귀를 내 것과 바꿔준다면 500억 엔을 주겠다.'

그런 말을 들으면 '안 바꾸고 말아.'라고 하겠지요."

맞는 말이다.
여러분도 나도 무려 '500억 엔보다 가치 있는 것'을 이미 갖고 있다.

돈으로 살 수 없는 엄청난 것을 이미 갖고 있다.

하지만 평소에는 그러한 사실을 잊고 산다.

병에 걸려 회사를 그만두게 된 한 지인이 이런 말을 했다.

'건강이란 건 말이야, 잃고 난 후에야 비로소 그
고마움을 알겠더라고.'

그렇다.
오체만족(일부러 이 표현을 사용한다)인 것만으로도 충분한데
게다가 건강하기까지 하다니 그야말로 감사할 일이다.
그것만으로도 헤아릴 수 없을 만큼 많은 '행복'을 갖고 있지
않은가.

'없는 것'에 대해 불평하기보다는 '있는 것'에 감
사하라.

여러분도 나도 이미 다 가질 수 없을 정도로 많은 행복과
행운을 갖고 있는 것이다.

85. '행복해지는 일'은 '목표'가 아니다.
'이미 행복하다.'라는 사실을 깨닫는 것이 '시작'이다.

— 히스이 고타로(천재 카피라이터 · 한자 테라피스트, 강연회에서 한 말)

※'행복'은 '해지는' 것이 아니라, '깨닫는' 것이라는 뜻이다.

86. "네가 태어났을 때 사지가 없는 모습을 보고 '이 아이는 평생 방 안에 누워 있기만 할 수도 있겠구나.'라고 생각했단다. 하지만 네가 침대 위에서 건강하게 웃어주기만 한다면 그것으로 충분하다고 생각했어. 그런 생각으로 시작했기에 그 후로 네가 어떤 행동을 해도 엄마와 아빠는 기뻐서 어쩔 줄을 몰랐단다. 몸을 뒤집고, 일어나고, 스스로 걷기 시작할 때도 그랬지. 초등학교에 들어가 스스로 글씨를 쓰거나 식사를 할 수 있게 되었을 때는 정말 날아갈 것만 같았어. 그래서 생각했단다. 이 이상 이 아이에게 더 많은 것을 바랐다가는 천벌을 받을 거라고 말이야."

(《자신을 사랑하는 힘》(오토타케 히로타다 저), 오토타케 씨의 어머니가 한 말)

헬렌 켈러가 보낸 선물

∙
∙
∙

헬렌 켈러는 심한 고열을 앓고 나서 두 살이라는 어린 나이에 '볼 수도 없고, 들을 수도 없고, 말할 수도 없는' 삼중고를 겪게 되었다.

어릴 적에 아서 펜 감독의 영화 〈기적은 사랑과 함께〉를 텔레비전에서 보고, 헬렌 켈러의 일상을 상상하기만 해도 이상한 기분이 들었던 기억이 난다(참고로 이 영화의 원제는 'The Miracle Worker'인데, 제목이 가리키는 '기적의 사람'이란 헬렌 켈러가 아니라 기적적인 일을 해낸 설리번 선생을 말한다).

성인이 된 후 숲속에 있는 집에서 살던 헬렌 켈러에게 어떤 사람이 찾아왔다.

　헬렌 켈러는 집을 방문한 사람에게 '숲은 어떠셨어요?'라고
물었다.

　그러자 그 사람은 이렇게 대답했다.

"글쎄요, 별 거 없던데요."

　이 말에 헬렌 켈러는 큰 충격을 받았다.

　이 사람은 눈도 보이고, 귀도 들린다.

　그런데도 숲을 걸어오면서 '별 거 없었다.'라고 말하다니.

　작은 새가 지저귀는 소리도 듣지 않고, 나무의 향기도 맡아
보지 않았다니.

　이처럼 '안타까운 일'이 어디 또 있을까?

　그때의 경험을 바탕으로 헬렌 켈러는 우리에게 이러한 말
을 남겼다.

　그 말을 그대로 인용하겠다.

"눈이 보이지 않는 내가 눈이 보이는 여러분에게
한 가지 부탁드리고 싶은 것이 있습니다.

　내일 갑자기 눈이 보이지 않을 수 있다는 생각으
로

모든 사물을 봐주십시오.

그리고

내일 귀가 들리지 않게 될 수도 있다는 생각으로 다른 사람들의 노랫소리를, 작은 새의 노랫소리를, 오케스트라의 강력한 울림을 들어보십시오.

내일 후각이 사라질 수 있다는 생각으로 꽃향기를 맡고, 음식을 한입씩 맛보십시오.

오감을 최대한 사용하십시오.

세상이 여러분에게 보여주고 있는 모든 것, 기쁨, 아름다움을 칭송하십시오."

이 메시지는 삼중고의 고통을 알고 있는 사람이 '가진 자의 행복'을 잊고 사는 우리에게 보내는 '선물'이다.

돗토리 현에 '들꽃 진료소'라는 이름의 호스피스 전문 진료소가 있다.

이 진료소 소장이자 수필가이기도 한 의사 도쿠나가 스스무 씨가 근무의사로 일하던 시절, 불치병에 걸린 한 명의 환자에게 이런 질문을 했다고 한다.

"죽기 전에 꼭 하고 싶은 일이 있으세요?"

그러자 그 말을 들은 여성은 이렇게 대답했다고 한다.

'길을 걸어보고 싶다.'

그 여성은 자연에 둘러싸인 길이나 바다가 보이는 길처럼 특별한 길을 말한 것이 아니었다.

그저 흔히 볼 수 있는 아스팔트 도로여도 상관없다고 했다.

그 여성은 이렇게 덧붙여 말했다.

"길을 걷다가 오른쪽으로 돌면 슈퍼마켓이 나와요. 그러면 평소처럼 장을 봐서 남편의 술안주를 만드는 거지요. 죽기 전에 그런 슈퍼마켓으로 가는 평범한 길을 다시 한 번 걸어보고 싶어요."

특별할 것이라고는 없는 평범한 일상이 사실은 우리의 생명을 지탱하고 있다.

도쿠나가 씨는 환자의 말을 듣고 이러한 사실을 깨달았다고 한다.

눈이 보이지 않는 연인들은 항상 서로의 얼굴을 어루만진다고 한다.

두 사람의 꿈은 '1초라도 좋으니 상대방의 얼굴을 보는 것'이라는 것이다.

줄곧 귀가 들리지 않았던 29세의 한 여성이 인공내이를 이

인생의 버팀목이 되어주는 괜찮은 이야기

식해 생전 처음 다른 사람의 소리를 듣게 된 순간을 담은 영상을 본 적이 있다.

자신에게 말을 건 의사의 목소리를 듣는 순간, 그 여성은 한참 동안이나 감격의 눈물을 흘렸다.

어디서나 볼 수 있는 흔한 길을 평범하게 걸을 수 있는 소망.

연인의 얼굴을 평범하게 볼 수 있는 소망.

좋아하는 가수의 노랫소리를 평범하게 들을 수 있는 소망.

친구와 웃으며 평범하게 수다를 떨 수 있는 소망.

평범.

평범.

평범.

이런 모든 일들이 사실은 기적인 셈이다.

가끔 이러한 사실을 떠올리는 것만으로도 세상을 보는 눈이 달라진다.

87. 아름답다……. 세상은 정말 아름다워…….

(애니메이션 《붉은 돼지》에서 피오의 대사)

※헬렌 켈러가 말한 대로 오감을 모두 사용해 이 아름다운 세상을 느껴보라.

88. '행복해.'라는 말을 계속 하면 행복해진다.
눈이 있어서 행복해, 귀가 있어서 행복해,
살아 있어서 행복해.

─사이토 히토리(실업가)

89. 하루하루가 기적이다.

─다자이 오사무(소설가)

33 인생관은 한순간에 변한다

'신발이 없다'고 풀이 죽어 있었다

·
·
·

이 책도 이제 마지막이 가까워지고 있다.

지금까지 다양한 관점에서 서른두 개의 이야기를 소개했다. 마지막으로 내가 좋아하는 두 가지 이야기를 소개하려고 한다.

자신의 핸디캡을 전혀 신경 쓰지 않는 사람의 이야기와 일이 잘 풀리지 않아 끙끙 앓던 사람이 불과 10초도 안 되는 짧은 경험을 통해 자신의 인생관을 통째로 바꾸어버린 이야기다.

첫 번째 이야기의 주인공은 스페인에 사는 루이스 데 모야라는 이름의 신부다.

루이스 신부는 서른일곱 살 때 교통사고를 당해 목 아랫부분을 전부 움직일 수 없게 되었다.

그 후 휠체어 생활을 하게 되었지만, 그는 신부직을 그만두지 않았다.

아니, '일을 그만두지 않는' 정도가 아니었다.

목을 움직여 커서를 이동시키고, 입김으로 클릭할 수 있는 특수 컴퓨터를 사용해 책을 출판했다.

게다가 대학에서 강의를 하고 텔레비전에 출연해 수많은 사람들을 격려하기도 했다.

사고를 당하기 전보다 오히려 더 적극적으로 활동했다.

게다가 무척 바쁠 텐데도 얼굴에 항상 미소가 가득했다.

그런 그에게 어떤 사람이 물었다.

"사고로 몸이 불편해졌는데도 어쩌면 그렇게 밝고 활기차게 사실 수가 있나요?"

그 질문에 루이스 신부는 이렇게 답했다고 한다.

"사고를 당해서 잃은 것도 물론 있지요. 하지만 그것은 억만장자가 천 엔을 떨어뜨린 것과 같습니다.”

자신은 수많은 보물을 갖고 있다.
'몸이 불편해진 것'은 무척 작은 일이다.
루이스 신부는 그렇게 말하고 있는 것이다.

자, 그럼 드디어 마지막 이야기를 해보겠다.

주인공의 이름은 해럴드 애벗이라고 한다.
그는 미국의 한 시골마을에서 식료품점을 운영하다가 장사
가 잘 되지 않아 백수가 되고 말았다.
'도시로 나가 새로운 일을 찾아보자.'라고 결심한 그는 일단
여행 경비와 취업 자금을 빌리기 위해 은행에 가기로 했다.
은행으로 가던 도중에 애벗 씨는 '인생을 바꾸게 될, 평생
잊을 수 없는 순간'을 경험하게 된다.

그날 은행으로 향하던 그의 발걸음은 무겁기만 했다. 잔뜩
풀이 죽은 그는 '도대체 왜 나만 이런 꼴을 당해야 하나…….'
라는 생각을 하며 걸어가고 있었다.

바로 그때였다.
문득 길 건너편에서 한 명의 남자가 이쪽으로 오고 있는 것
이 보였다.

그 남자에게는 두 다리가 없었다.

그 남자는 롤러스케이트 바퀴를 단 작은 나무 받침대에 올라탄 채 손에는 나뭇가지를 들고 마치 배를 젓듯이 힘차게 달리며 다가왔다.

그리고 애벗 씨와 눈이 마주친 순간 환하게 웃으며 이렇게 말했다.

"안녕하세요! 오늘 아침은 날씨가 참 좋네요."

그 남자의 목소리에는 생기가 넘쳐흘렀다.

두 다리가 없는 불행함을 눈곱만큼도 느낄 수 없을 만큼 밝은 목소리였다.

애벗 씨는 생각했다.

'이 남자는 두 다리가 없는데도 저렇게 행복해 보이는데다 쾌활하고 자신감까지 넘치잖아. 그에 비해 나는 왜 이렇게 고민만 하고 있던 걸까……. 이렇게 나약한 소리나 하고, 풀이 죽어 있다니 한심해.'

두 다리가 없는 남자에게서 용기를 얻은 애벗 씨는 도시로 나가 큰 성공을 했다.

훗날 그는 자신의 인생을 바꿔준 이 경험을 평생 잊지 않도록 다음과 같은 말을 종이에 써서 욕실 벽에 붙여두고 매일 아침 면도를 할 때마다 읽었다고 한다.

그가 벽에 붙여둔 말은 다음과 같다.

'신발이 없다.'라며 풀이 죽어 있었다.
두 다리를 잃은 그 사람을
길에서 만나기 전까지는.

90. 눈이 보이지 않는 것은 비극이 아니다.
눈이 보이지 않는다는 사실을 견디지 못하는 것이
비극이다.

−존 밀턴(영국의 시인)

시간이라는 이름의 잔잔한 바다

마지막까지 이 책을 읽어주신 분들께 감사드린다.

이 책을 즐겁게 읽었는가?

그리고 당신의 마음을 조금이라도 흔들 수 있었는가?

그렇다면 '짧은 글' 한 편이 인생의 버팀목이 되어준 이야기를 마지막으로 소개하겠다.

벌써 몇 년도 더 지난 일이다.

예전에 한 여성이 나에게 '한 편의 글'을 선물해 준 일이 있다.

원래 나와 같은 회사에 근무했던 여성으로, 지금은 다른 회사에서 열심히 일하고 있다.

그녀가 지금의 회사로 옮기기 전의 일이다. 내가 문자로 사소한 조언을 해주자, 그녀는 고맙다며 그 답례로 '자신이 소중히 여기는 글'을 문자로 보내주었다.

이 글은 원래 그녀의 어머니께서 젊은 시절 알게 된 글이라
고 한다.

어머니께서 오래 전에 《생활의 수첩》이라는 잡지에 실린 에
세이를 읽다가 마음에 들어 오려두신 글이다.

그녀는 고등학생 시절에 어머니께서 스크랩해놓은 글을 보
고 '좋은 글인데.'라고 생각했다고 한다.

그 후 그녀는 '아, 정말 최악이야!'라는 기분이 들 때면 이
글을 찾아 여러 번 읽었다.

그러면 신기하게도 우울했던 기분이 나아지고, '살아 있다
는 사실'에 감사하게 되었다.

어머니께서 줄곧 아끼신 글이 언제부턴가는 그녀에게도 무
척 소중한 글이 되었던 것이다.

조사해 보니 이 글은 《생활의 수첩》의 전 편집장인 고(故)
오하시 시즈코 씨가 직접 쓴 에세이 《멋진 당신에게》의 한 소
절이었다.

이 글이 실린 에세이의 제목은 '봄 햇살'이다.

그녀의 어머니께서 소중히 여기셨던 글은 이 에세이의 중
반부로, 그 부분만 소개한다.

그녀에게 마음의 버팀목이 되어준 글.

그것은 바로 이런 글이었다.

"아침에 빨래도 방청소도 모두 끝마치고, FM라디오를 작게 틀어놓고 있습니다.

깨끗이 닦은 접시와 작은 화분이 부엌에 비치는 햇살에 반짝입니다.

레이스커튼 너머로 새의 그림자가 스쳐 지나갑니다. 물이라도 마시러 온 것인지 참새가 활기차게 지저귑니다.

나는 앉아서 눈을 감았습니다.

그리고 그 순간 문득 깨달았습니다.

이미 꽤나 긴 시간을 살아왔지만, 아직 내 앞에도 시간이 남아 있구나.

그것도 마치 드넓은 바다처럼……. 그렇게 생각한 순간 왠지 가슴이 부풀어 올랐습니다.

그 시간이 이어지는 한 나는 아직도 여러 가지 일들을 할 수 있겠지요.

공부도 할 수 있습니다. 바느질이나 수예도 할 수 있습니다.

여행을 할 수도 있고, 다른 사람에게 상냥하게 대하거나 나 자신을 위로하는 등 무엇이든 할 수 있습니다.
　그렇게 생각하자 갑자기 의욕이 생겨나기 시작했습니다.”

　결코 잘 쓴 문장이라고는 할 수 없다.
　평범한 여성이 어느 날 문득 마음속에 떠오른 일을 담담히 이야기하고 있을 뿐이다.
　그런 소박한 글이다.
　그러나 여러 번 반복해서 읽어도 눈앞에 '아직 시간이 남아 있다는 사실'이 얼마나 '행복한 일'인지를 떠올리게 한다.

　여러분도, 나도 '시간'이라는 바다를 항해하고 있는 선원이다.
　'잔잔한' 날도 있고, '태풍'을 만날 때도 있다.
　짙은 어둠 속에서 길을 잃고 헤맬 때도 있고,
　나침반이 고장나 버릴 때도 있다.

　하지만 설령 아무리 힘든 나날이 계속되더라도 '오늘'이라는 날이, 그리고 '내일'이라는 날이 존재한다는 사실에 감사해야 한다.
　병이나 사고로 갑자기 '내일'을 빼앗겨버리는 사람이 많다.

　특별하지 않은 평범한 하루가 줄곧 이어지는 것이 불만이라면, 그것은 큰 착각이다.

인생의 키를 잡고 있는 사람은 바로 자신이다.

내일의 항로는 여러분 스스로가 결정할 수 있다.

눈을 감고 조용히

남아 있는 시간을 생각해 보라.

시간이라는 이름의 바다가 여러분의 눈앞에 아직도 푸르고 드넓게 펼쳐져 있는가?

니시자와 야스오

"아빠, 이 우주에서 가장 큰 것은 뭐라고 생각해?"

"코끼리 아닐까?"

"아니야, 아빠. 이 우주에서 가장 큰 건 말이야······."

"바로 미래야."

어느 부자간의 대화
(《운명을 바꾼다! 행복의 '스위치'》, 히스이 고타로 · 히타카 미히로 저 가운데)